生命守门人

你掌握着挽救生命的力量

You have the power to save lives

校园心理危机守门人手册

主 编 陈润森 安 静

副主编 郑睿敏 屈笛扬

编 委 （以姓氏笔画为序）

王 振	西英俊	任志洪	刘华清
刘连忠	刘肇瑞	许烨勍	李闻天
李晓虹	李献云	杨甫德	肖水源
何笑笑	况 利	宋海东	张小苒
张劲松	陈 进	陈 蓉	陈剑华
林丹华	罗晓敏	周建松	胡 宓
钟宝亮	施剑飞	贾存显	贾晓明
徐广明	殷 怡	黄悦勤	曹日芳
阎 博	梁 红	童永胜	樊富珉

人民卫生出版社

·北京·

图书在版编目（CIP）数据

校园心理危机守门人手册 / 陈润森，安静主编 .
北京 ：人民卫生出版社，2024. 7（2024. 9重印）.
ISBN 978-7-117-36519-2

I. G444

中国国家版本馆 CIP 数据核字第 20246A4D23 号

人卫智网	www.ipmph.com	医学教育、学术、考试、健康，
		购书智慧智能综合服务平台
人卫官网	www.pmph.com	人卫官方资讯发布平台

校园心理危机守门人手册

Xiaoyuan Xinli Weiji Shoumenren Shouce

主　　编：陈润森　安　静
出版发行：人民卫生出版社（中继线 010-59780011）
地　　址：北京市朝阳区潘家园南里 19 号
邮　　编：100021
E - mail：pmph @ pmph.com
购书热线：010-59787592　010-59787584　010-65264830
印　　刷：北京盛通数码印刷有限公司
经　　销：新华书店
开　　本：889×1194　1/32　印张：3.5
字　　数：79 千字
版　　次：2024 年 7 月第 1 版
印　　次：2024 年 9 月第 3 次印刷
标准书号：ISBN 978-7-117-36519-2
定　　价：39.00 元
打击盗版举报电话：010-59787491　E-mail：WQ @ pmph.com
质量问题联系电话：010-59787234　E-mail：zhiliang @ pmph.com
数字融合服务电话：4001118166　E-mail：zengzhi @ pmph.com

世界卫生组织提出"健康"不是没有疾病，而是身体、心理、社会适应的完美状态。其中，"心理健康"是指拥有健康的身体、正常的功能以及良好的情绪状态，是多方面健康的结合体，缺失任何一方面，都不算达到心理健康。从身心发展角度来看，青少年阶段是个体身心发展、性格形成的重要阶段，健康的青少年是每个国家与社会的未来与希望。

在全世界范围内估计每年有超过 70 万人死于自杀，自杀是 15~19 岁青少年的第三大死因。每一个青少年的死亡都是一场悲剧，对自杀者的家人、朋友、所在社区、社会，乃至国家都是巨大的损失。因此，全世界都在强调与倡导积极开展对青少年自杀的预防和干预工作。但是如何专业化地开展这项工作、如何在短时间内影响更多人，以及具体的预防措施和实施方法，仍然是需要长期探索的问题之一。

综合来讲，目前针对自杀存在三级预防干预措施,即针对性干预、选择性干预和普遍性干预。针对性干预主要面向已经表现出自杀早期征兆的高危青少年。选择性干预主要面向具有危险因素的青少年,例如,表现出精神障碍、物质使用以及经历危机等特定特征,具有自杀风险的青少年人群亚群。普遍性干预则主要面向全体青少年人群及其老师和家长,旨在增加他们对心理健康和自杀问题的认识、促进求助行为、消除获取医疗保健的障碍、增进应对自杀者的知识和技能、增强青少年群体的保护因素,从而降低其自杀风险。

基于学校的预防干预措施是目前普遍性自杀干预框架中最为推荐的措施之一。学校作为青少年的主要生活场所,是开展普遍性干预的重要场所和基地,可能是更广泛、高效的"预防青少年自杀、促进青少年脆弱人群寻求帮助"的途径之一。普遍性预防干预更能有效避免污名化,使更多与学生关联的人员获得丰富的知识,更广范围识别学生的危机症状,并提供相应的干预服务。

在此背景下,《校园心理危机守门人手册》的出版恰逢其时,本书是一本基于学校的预防干预措施的理论与实操教科书,有别于枯燥的纯理论学习。书中不仅为从事相关工作的人员提供基于循证基础的理论学习,更涵盖了大量的练习案例,以及如何操作的示例,有助于帮助读者更深刻理解理论知识,学习具体操作技术。同时,本书还是一本操作指南,涵盖了校园心理危机干预具体的实施步骤、流程、指导语等,指导读者一步步开展相关工作。

从行为学的角度来说,只有知识的引入,才能带来技能的提升与转换。因此,本书从最开始的系统性知识学习切入,首先帮助读者了解自杀的严重性,接着用详细的步骤拆解了校园危机干预的理论、提供了具体的自杀干预的理论和干预策略,随后再进一步从更全局角度提出校园危机的处置方案、可用于校园的危机干预技术等。从小到大,从知识到事件再到系统性管理,更像是一场以纸为媒介的专业知识培训工作坊。

从实施层面来看,本书的守门人技术基于"实施科学"的框架,已经进行了大型随机对照试验的检验,具备循证依据,能够有效帮助读者学习如何识别自杀的迹象和征兆,如何与高风险个体进行沟通,并将其转介到专业机构寻求帮助等知识,提升其干预自杀的能力与自我效能感,进而实现降低青少年自杀风险的最终目标。书中总结出来大量通俗易懂的口号,例如"五步法""爬梯子评估法",帮助读者能够在真实的工作中"立刻就用",而不是淹没在过度的知识输入中。总之,本书兼具可读性和实操性,将抽象的危机干预的知识科学生动地呈现给读者,不仅适用于专业的医务工作者、学校的老师,同样也适用于家庭成员及社会工作者等。

本书的成功出版得力于清华大学万科公共卫生与健康学院和北京回龙观医院的牵头,汇聚我国危机干预领域有影响力的专家学者共同编著。我相信,《校园心理危机守门人手册》将有助于促进我国青少年心理健康,提升我国校园工作者危机干预的能力,对降低青少年自杀具有重要意义。

陈冯富珍

清华大学万科公共卫生与健康学院院长

世界卫生组织荣誉总干事

儿童青少年的心身健康关系到家庭的幸福、祖国的未来和民族的希望。青少年正处于心身发展的特殊阶段，本应少年不识愁滋味，但一些未成年人在面临困境的时候容易感到压力，可能出现情绪问题，如抑郁、焦虑等，甚至出现自杀的极端想法和行为。

当今世界，自杀已经成为备受关注的公共卫生问题，联合国提出的 17 项可持续发展目标及世界卫生组织《全球精神卫生行动计划（2013-2020年）》，均将自杀预防作为重要内容之一。我国政府出台的多项心理健康相关文件均对健全国家心理危机干预机制，开展心理危机干预服务做出了重要部署。

古今中外，自杀都是一个私密并且敏感的话题，特别是存在着对自杀的污名化和歧视倾向。因此，青少年往往不敢和家长、老师谈论自杀话题，在当前网络信息爆炸的时代，青少年更倾向于借助于网络了解自杀，而网络信息繁杂、良莠不齐，不良的

序二

传播效应和渲染效应可能会给青少年带来巨大的不确定的影响。一些已经产生自杀想法的未成年人往往因耻感而不敢主动寻求帮助，选择依靠网络，导致效仿或追随，从而错失最佳干预时机。作为青少年监护人的家长，作为青少年成长引路人的老师，作为青少年心理问题干预者的医生，我们有责任和义务帮助各方了解自杀相关的正确知识、识别青少年危机的信号、给予青少年积极的支持、引导青少年主动就医、为青少年提供高质量的医疗服务，共同促进青少年的心理健康，降低自杀风险。

通过在社区、校园和工作场所开展"自杀守门人"项目，有助于及时发现自杀高危者，并在第一时间伸出援手，避免悲剧的发生。作为青少年学习和生活的重要场所，学校是开展自杀守门人的重要场所和路径。按照"三级预防"的理念，学校可以开展非常有效的自杀预防和干预的工作，这也是我们编写《校园心理危机守门人手册》的初心，希望可以通过本书帮助学校积极开展心理危机干预的工作，预防青少年自杀。

《校园心理危机守门人手册》具有很强的科学性，遵循国内外相关科学理论，吸纳了我国自杀预防工作的实践经验。在我国危机干预、自杀预防领域的专家的大力支持下，经国内专家的深入论证后，最终完成本书的编写工作。

本书还具有很细的指导性。第一章非常详细地介绍了具体的守门人培训操作步骤，并通过大量的实例演练资料，帮助读者清晰了解如何开展相关工作。第二章主要介绍校园心理危机事件发生后的处置方案，内容全面，提供了学校对危机事件处置的建议、步骤和注意事项等，可供学校在遇到相关事件时参考使用。第三章主要介绍可供学校工作人员使用的简单易行的危机干预的技术，帮助教职工为青少年提供简单的支持性服务。

本书也具有很高的实用性。对于青少年的危机状况,学校、老师往往感到无力和担忧,不知道如何开展相关工作。本书为相关工作人员提供了丰富的理论知识、实践案例,有助于提高其处理危机状况的能力和自我效能感,进而能够更积极地识别学生的自杀风险,并给予有效的干预服务,助力青少年健康成长。

最后,我衷心地希望每个读者都能从本书中有所收获,为守护青少年心理健康,呵护祖国的花朵苗壮健康成长做出贡献。

杨甫德

北京回龙观医院党委书记

世界卫生组织心理危机预防研究与培训合作中心主任

儿童青少年的心理危机,尤其自杀是全球关注的重要公共卫生问题,世界卫生组织报告指出,自杀是 10~24 岁年轻人死亡的主要原因之一,为全球各国带来了巨大的经济负担。因此,积极开展相关的预防和干预活动对于降低青少年的自杀具有重要意义,是解决当下重大公共卫生问题的必要举措。

作为儿童青少年的主要生活场所,学校可能是更广泛的"解决儿童青少年的心理危机,尤其是自杀问题,促进儿童青少年寻求帮助"最有效的途径之一。针对儿童青少年的心理危机问题,目前我国基于学校的预防性干预主要针对儿童青少年进行工作,比如心理健康课等。然而,教师、家长等作为儿童青少年成长路上的重要人物,提升其识别心理危机的预警信号和开展心理危机干预的能力具有重要意义。"生命守门人"培训是目前在国内外得到共识的、广泛使用的预防干预策略,也被认为是具有前景的干预方法。具体而言,"生命守门人"培训通过教授与有较严重心理危机(自杀风险)的学生有接触的人（如老师、家长）如何识别自杀的迹象和征兆，如何与高风险个体进行沟通，如何将其转介到专业机构寻求帮助等，提升其预防和干预学生们心理危机的能力，进而降低儿童青少年的自杀风险。

目前国际上已被大量应用及研究的"生命守门人"培训项目有"提问、说服、转介"（question, persuade, refer, QPR）和应用自杀干预技能培训（applied suicide intervention skills training, ASIST）等。既往研究表明，"生命守门人"培训可改善参与者的知识储备和态度，减少对自杀的污名化，改变既往对自杀持有的态度，增加自杀相关的知识，提高自己为他人提供危机干预的自我效能感，从而使参与者对有自杀风险的学生作出适当和有效的反应。

本书介绍的"生命守门人"培训基于实施科学框架，在既往理论和研究的基础上，经过五大步骤循证开发适合我国的生命守门人培训手册。①形成初稿：通过文献查阅等方式收集相关资料，完成手册初稿；②德尔菲专家共识：邀请全国30多位在不同领域具有丰富的危机干预经验的专家，对干预内容进行系统性评估，并提出修改建议，形成第二稿材料；③材料内容预实验：对干预材料的科学性、适应性和可行性等方面进行培训的预实验，及时发现不足之处并修正；④师资培训模式预实验：检验通过标准化师资培训的方式，是否能够提高项目的一致性和可推广性，并保证干预效果；⑤形成终版手册：在上述步骤之下，最终形成并完善干预材料和具体实施方案，采用随机对照试验的方法检验"生命守门人"培训的干预效果，最终形成以实证为依据的《校园心理危机守门人手册》。手册将提供流程化、标准化的心理危机应对方案，便于从业人员简便使用。

本书还将基于危机干预的理论和实践经验提供了校园心理危机事件的处置方案，以及可供学校使用的心理危机干预的基本技术，以期更好地帮助学校开展心理危机干预服务。推荐对自杀预防和干预，尤其是校园自杀危机预防和干预感兴趣的群体、从事心理健康相关工作的专业人员、在学校工作的人员等阅读。

非常感谢蔡承禧、刘博文、金衍棚对本书第一章文字整理工作所作出的贡献。本书出版之际，恳切希望广大读者在阅读过程中不吝赐教，欢迎发送邮件至邮箱 renweifuer@pmph.com，或扫描下方二维码，关注"人卫儿科学"，对我们的工作予以批评指正，以期再版修订时进一步完善，更好地为大家服务。

陈润森　安　静
2024 年 6 月

目
录

15

第一章

校园心理危机守门人培训内容

本章主要介绍守门人培训的内容,涵盖了从基础的自杀相关知识到进阶的实操技术部分,将有助于读者提高自杀相关知识素养,学习识别心理危机风险性因素和保护性因素,并掌握开启自杀话题、评估自杀风险、制订安全计划和及时转介等技术。

第一节　提升对自杀问题的重视

通过本节培训增强受训者对自杀问题的重视,更深入了解自杀者的内在感受。为了增加培训的可接受性,可通过制作形象化的视频来呈现以下内容,减少信息学习过程中的枯燥性。

一、儿童青少年自杀的相关数据

儿童青少年自杀是一个不可忽视的公共卫生问题,预防儿童青少年自杀需要全社会、各部门、多领域协作开展,其中家长和老师是直接参与儿童青少年日常生活的关键人物。然而,自杀是一个非常专业的领域,家长、老师乃至全社会对其了解甚少,提升全社会对自杀问题的了解和重视,对于预防自杀至关重要。鉴于此,在培训开始即可通过相关数据帮助老师、家长乃至全社会意识到自杀问题的严峻性以及自杀干预的重要性。

在培训中,可提供权威渠道(如官方报道、科研文献等)呈现出有关儿童青少年自杀的数据。例如,根据近期一项对国内 11 831 名 12~18 岁的青少年的调查发现,17.6% 的男性以及 23.5% 的女性曾有过自杀想法；8.9% 的男性以及 10.7% 的女性曾制订过自杀计划；3.4% 的男性以及 4.6% 的女性曾有过自杀未遂。其中，第一次尝试自杀的青少年平均年龄是 12~13 岁[1]。另外，超过 70% 的自杀未遂并没有提前计划准备。另一研究发现，在 12 733 名 9~18 岁的儿童青少年中，约 32.1% 曾出现过自杀想法[2]。

二、儿童青少年自杀的影响因素

自杀是多因素共同作用的结果，绝不是某一个因素导致这个行为。儿童青少年自杀的因素大致可分为 4 类。

1. 生物因素　遗传因素；物质使用（如吸烟、酗酒、药物成瘾）；躯体疾病（如患有慢性病、慢性疼痛）。

2. 心理因素　认知偏倚（如思维僵化固执，认知不恰当等）、冲动特质（如性格、情绪行为较冲动，做事不顾后果）、应对能力欠缺、社会支持不足、特定的人格特质（如低自尊、过于敏感、易接受暗示、偏执等）、较高的压力水平、不良的情绪感受（绝望、无助、痛苦）、精神疾病（如抑郁等）等都是自杀的高风险因素。

3. 家庭因素　不良的家庭教养方式、童年期经历虐待、家庭重大变故、家庭成员中存在自杀或暴力倾向等是儿童青少年自杀的高风险因素。

4. 社会因素　人际关系紧张、校园霸凌、不当的自杀信息传播等也可能成为儿童青少年自杀的诱发因素。

三、自杀者的常见感受

自杀想法的背后有着复杂的心理社会根源。有自杀想法的人通常会觉得他们的世界只剩下痛苦和黑暗，看不到希望，深感孤独无助。他们可能会觉得再也无法承受身体或心理上的痛苦,看不到未来自己或事物变好的可能,并因此而感到绝望,认为结束生命也许是他们唯一的解脱方法。他们也可能会觉得自己是身边人的累赘、负担,觉得自己不被爱,没有存在的意义。

学生们往往把痛苦和问题都归结为是自己不好、无能,是自己的错,意识不到可能是自己的情绪出了问题或生病了。有时候,他们觉得受了委屈,感觉不公平,想通过自杀表达委屈和愤怒;有时候他们感觉没有人在乎他们、爱他们,觉得生无可恋;有时候他们感觉当下的生活充满荆棘,无路可走,没有希望;有时候他们觉得人生很没有意义、没有意思,不知道活着是为了什么。他们担心向别人倾诉自己的自杀想法会受到歧视,或不被理解和接纳。如果有人能够不做评判地、耐心地、真诚地倾听他们的感受和想法,陪伴他们,那么就可以助力他们开启改变之路,挽救他们的生命。

四、培训练习

对受训者普及完上述信息后,可引导受训者进行练习,来巩固其对信息的理解与掌握。可以采用小组讨论的方式,集体讨论和分享,最后由授课者邀请小组成员分享每个组的讨论结果。小组可围绕以下话题进行讨论。

1. 就你所掌握的情况,目前你所在的班级或年级里,有多少学生可能正面临自杀风险,哪些学生有想法,哪些学生有计划,哪些学生有过自杀未遂,哪些学生近期很可能会实施自杀行为。

2. 在了解了儿童青少年自杀的相关数据、产生自杀想法的原因及自杀者的常见感受后,哪些信息使你受到触动,你对自杀行为有了哪些新的认识和感受。

五、模拟演练

受训者可根据自己的案例或者下面的脚本进行练习。脚本中的话术仅供参考,要用自己的语言进行表达。

学生:我最近总是感觉开心不起来,确实也有过一些想要离开这个世界的念头。

老师:非常感谢你愿意信任我,将自己的内心感受分享给我(关系建立)。在当下学习、社会压力如此大的情况下,同学们有这样的感受是完全可以理解的(理解自杀背后的原因,同时给予共情性回应)。你愿意再多分享一些事情吗? (开放式提问推动学生表达更多)

学生:我爸爸妈妈在家总是吵架,并且很多吵架的事情都由我而起,比如会因为我的学业、给我报什么辅导班甚至给我买穿的衣服而吵架,这让我感觉到是我拖累了家人,全都是我的错。

老师:你感觉到很自责(情感反馈),你好像把所有的原因都归结到了自己身上,这些想法和感受让你感觉到很痛苦。我理解你有想要离开这个世界的念头是有原因的,也许你感觉到自己实在没有办法解决这些痛苦,你很无助。(共情、理解学生们的感受)

学生:是的,有的时候我真的觉着自己好无助,感觉世界上没有人能够理解我,感觉老师是唯一能够理解我痛苦的人。

参考文献 •

1. LIU XC, CHEN H, LIU ZZ, et al. Prevalence of suicidal behaviour and associated factors in a large sample of Chinese adolescents. Epidemiology and Psychiatric Sciences, 2019, 28 (3): 280-289.
2. CHEN R, AN J, OU J. Suicidal behaviour among children and adolescents in China. Lancet Child Adolesc Health, 2018, 2 (8): 551-553.

第二节　建立对自杀的正确认知

一、自杀的相关知识

对于自杀行为,公众还有很多错误的认知,导致对自杀行为充满歧视、排斥,或者采取消极方式与有自杀风险的个体互动。了解自杀的相关知识,按照科学的方式与有自杀风险的个体互动,有助于自杀预防与干预工作的开展。

（一）自杀是否应被唾弃

面对生与死的抉择,多数人都会犹豫、纠结、挣扎、反复思考,而这个阶段正是发现和干预自杀的重要契机。尽管有些人将自杀视为解决困境的出路和方法,但这并不意味着自杀是矫情、自私、懦弱、逃避的行为。还有一些个体的自杀行为是在有旁观者的情况下实施的,或者在实施自杀行为前迟迟没有行动,这些现象并不意味着他们是在用生命威胁别人,更不是在哗众取宠、博取关注。自杀的行为并不可取,但我们更需要去关注其选择自杀背后的深层原因。在有人谈论自杀的时候,漠视、激将、嘲讽等都是不可取的行为。

（二）谈论自杀的儿童青少年是否不会自杀

谈论自杀的人可能正在寻求帮助或支持,而不只是随便说说而已。对自杀的污名化和病耻感会阻碍有自杀风险的儿童青少年主动求助,因为他们害怕被歧视、被指责或不被理解。有时候,他们可能会在不经意间谈起,"要是我没了,你们会怎样?"或者以开玩笑的方式说起,"太难受了,我干脆死了吧。"又或者试探性地讨论这个话题,"人死了会怎样,会到哪里?"还有在发生冲突的时候大声喊道"你们容不下我,我死了算了"等。对于这些可能传递了自杀意图的言语信号,我们不可忽视和漠视,即使有时候儿童青少年可能真的只是说说而已,但是我们冷漠的态度可能会让他们感到不被重视和难过,甚至导致自杀悲剧的发生。

（三）与儿童青少年讨论自杀是否会诱发 / 推动自杀

直接谈论自杀并不会把这个念头植入到儿童青少年的想法里,也不会诱发其自杀。相反,直接询问儿童青少年的自杀想法,倾听他们述说内心的痛苦和想法,并与他们一起就自杀这一话题进行讨论,能够使其感到有人关心和理解他们,帮他们重新看到希望,从而帮助他们重做决定。其实,人在决定自杀前总是犹豫不决,也一直在努力寻找让自己活下来的理由。因此,与他们真诚谈论自杀是一个难能可贵的让他们袒露自己心声的机会,他们可以在这个安全的空间内分享自己的脆弱和痛苦,当他们感受到有人理解和帮助他们,他们可能就会说服自己活下来,放弃自杀的念头。

（四）批判 / 教育儿童青少年是否会阻止自杀

当儿童青少年出现自杀想法或者自杀行为时,老师、家长通常比较着急和担心,可能想通过严厉的批评教育让孩子意识到问题的严重性，帮助其摆脱自杀想法，比如"有什么过不去的事，竟然还选择去死，至于吗？""父母把你养这么大，你选择死，这样做对吗，对得起谁呢？"也可能会通过"绑架式"语言吓唬威胁孩子，以期他们能放弃自杀想法和行为，比如会说"如果你死了，我也不活了！"谈论自杀的人此时可能正在寻求帮助或支持，而对自杀的污名化，或放大个别特征并将其负面化可能会阻碍人们理解并帮助有自杀风险的孩子，否定或者指责的态度不仅不会阻止孩子们自杀，反而会使他们更不愿意求助，甚至不再愿意交流他们的真实想法和感受，关闭了他人识别孩子是否有自杀危机并给予其帮助的通道。

（五）儿童青少年一旦有了自杀想法，是否已决心自杀

自杀者一旦产生自杀念头，往往不会立即采取行动，多数人会经历煎熬的思想斗争，在生与死之间徘徊纠结。这个时期也正是他人发现孩子的危险预警信号，给予支持和陪伴，帮助他们减轻或者消除自杀想法的关键时期。陪孩子一起就医、改善对待孩子的态度、改变与孩子的互动方式、听听他们的内心世界、理解他们的内心挣扎等都可能会帮到孩子。自杀想法往往是波动和反复的，自杀想法消失后，有的孩子可能就不再出现，有的孩子可能会反复，这个时候不用过于担忧和否定自己。自杀想法不是永久性的，有过自杀想法和自杀行为的人依然可以继续生活下去。

（六）自杀的儿童青少年是否都有精神疾病

精神障碍是自杀的重要影响因素，尤其是抑郁症与自杀的关联更为显著，大多数实施自杀的个体都患有一种精神疾病，有的已经被诊断，有的可能未经诊断。然而，并非所有自杀者都患有精神疾病，遭遇严重灾难、重大生活事件或精神压

力会使人陷入绝望、无助、痛苦的状态,如果得不到及时的缓解与疏通,可能会出现自杀行为。尤其是儿童青少年容易对外在刺激产生激烈的情绪反应,如愤怒、绝望、痛苦等,而他们对应激状态下情绪的调节能力不足,容易导致一时想不开而在冲动情况下做出自杀行为。因此,无论儿童青少年是否有精神疾病,都要特别关心和重视他们的情绪变化,防止情绪之下的冲动行为。

（七）自杀未遂,危险结束,是否不会再实施自杀行为

很多人认为,自杀未遂证明这个人并不是真的想死,而且自杀过一次就会吸取教训,再也不敢自杀了。然而,自杀对任何人而言都不简单,很多时候,自杀未遂可能是试探性的尝试,不断地一次次尝试自杀,增强对自杀的体验,积累实施"经验",直到实施成功。另外有说法,自杀未遂可能是个体求生本能的体现,但并不代表就不再想结束生命了。自杀未遂是自杀的重要危险因素,自杀未遂的个体很可能再次出现自杀行为,因此要特别关注和关爱有过自杀未遂的儿童青少年。

（八）自杀的发生是否毫无征兆

很多人感觉自杀者在自杀前没有任何蛛丝马迹可循,在真的面对身边人自杀的时候会感到惊恐万分,但实际上尽管自杀者不一定明确告知或者做些什么来呈现出他们的意愿,但当我们学习了预警信号后,可能会发现确实能从自杀者那里寻找到异常。自杀者在自杀前可能会通过间接的语言表达出其想法,也可能会出现异常的行为举止,或许会有非常犹豫、绝望、无助的情绪感受,还可能在认知能力上有所改变。了解预警信号对于发现危机,预防自杀具有重要意义。

二、培训练习

当学习完上述知识信息后,可引导受训者进行练习,来巩固习得的知识。可以采用小组讨论的方式,集体讨论和分享,最后由授课者邀请小组成员分享每个组的情况。小组可围绕以下问题进行思考和讨论。

1. 了解到上述信息,你对自杀有哪些新的了解。

2. 站在因有自杀想法而求助的学生的角度来看,你觉得因自杀污名化而产生的歧视和指责对学生会造成什么样的影响。

3. 你觉得有哪些力所能及的办法可以减少自己以及身边人对自杀的污名化(如主动了解和学习与自杀相关的知识)。

三、模拟演练

受训者可根据自己的案例或者下面的脚本进行练习。脚本中的话术仅供参考,要用自己的语言进行表达。

学生:我的这些痛苦从来没有跟我的爸爸妈妈真正说过,每次尝试想要去表达时,他们就觉着我矫情,大声呵斥我说:"你一点儿也不坚强,你看谁家的孩子像你一样"。

老师:当听到你说他们对你的反应无动于衷,甚至还否认你的感受的时候,我能感受到你可能因为不被理解而难受,甚至无奈。你知道自己不是矫情,是真的很痛苦,但别人并不懂这些。(理解学生们的感受)

学生:每当听到他们这么说的时候,我都会立马跑回屋大哭一场,有的时候我真的想要自杀,但他们只会觉着我是哗众取宠,想要博得他们的关注。

老师: 尝试表达自己的感受并没有问题,你的感受是真实的,也许背后有很多原因,但你并不是在哗众取宠。(肯定学生们的想法)

学生: 我现在真的不知道该怎么办了。

老师: 别担心,老师和你身边的人都会想办法帮助你,也许当下遇到了一些让你难以应对的事情,感到十分痛苦和无助,甚至在情绪最崩溃的时候想要通过结束生命来缓解痛苦的感受。我们可以一起努力看看如何解决这些困难,并提醒自己在想要结束生命的时候,不做出过激行为。(理解自杀风险往往是短时间内快速增高的,且在特定情形下出现,给予希望和支持)

第三节　了解风险因素,识别自杀征兆

自杀是可以预防的,因为几乎每个自杀的孩子都曾透露过一些征兆和信号,哪怕是以开玩笑或者其他隐秘的方式表达出来。当我们了解并掌握了与自杀相关的预警信号以及风险因素,我们就有机会在悲剧发生之前识别到孩子的自杀风险,并进行及时的沟通干预,从而避免悲剧的发生。

一、自杀的风险因素

自杀是多种因素共同作用的结果,对于儿童青少年而言,个人因素、家庭因素、校园及社会因素是重要的风险因素。表1-1总结了可能会增加儿童青少年自杀的风险因素。

表 1-1　儿童青少年自杀风险因素

个人	家庭	校园及社会
心理疾病：如抑郁症、双相情感障碍、焦虑症、精神分裂症等	家庭暴力（身体暴力、言语暴力、情感暴力和忽视等）	被孤立或校园霸凌
自杀未遂史或者反复多次自伤史	父母有赌博、酗酒或犯罪行为	遭遇负性应激事件，特别是人、事、物或愿望的重大丧失类事件
低自尊水平	父母离婚或亲人离世	学习压力过大
患有慢性躯体疾病或身体残疾	与父母关系较差	没有朋友或人际交往冲突
高冲动性	没有固定监护人的留守儿童	在社交媒体上加入自杀群体
物质滥用，如酗酒、吸食毒品等	高控制、低关爱的家庭氛围，以及孩子情感长期被忽视	媒体关于自杀的不当报道

二、自杀的预警信号

有自杀风险的儿童青少年可能会通过直接或者间接方式呈现出预警信号，表现为情绪、行为、认知上的异常。周围人可通过比较的方式进行识别，比如可以与孩子从前的表现比较，孩子最近在行为、认知、情绪上较之前是否有改变；可以与其他人比较，孩子最近的表现是否与其他大部分孩子不一致。识别预警信号是开展后续干预的重要基础，老师和家长等了解这些信号，并在日常生活中保持敏锐的观察，有助于预防儿童青少年的自杀行为。

1. 言语信号　他们可能会直接或者间接表达想死的意愿,比如"我不想活了""活着好累""没有我别人会过得更好";或者表达希望通过外力结束生命(被动自杀意念),比如"如果能生一场大病死了就好了""如果能被车撞死也挺好的"等。

2. 行为信号

(1)他们可能会跟身边的人讨论自杀的话题,比如"用什么方式自杀比较合适,哪种方法可以不那么难受,人死了会去哪里"等。

(2)他们可能会关注与自杀相关的书籍、网站、聊天群等。

(3)他们可能会写遗书,或者在作文中等流露出自杀的念头。

(4)他们可能会从网站等搜索自杀的相关信息,或者加入与自杀相关的论坛或者群聊。

(5)他们可能会有伤害自己的行动,比如手臂出现了割伤、烫伤,脖子上有被绳子勒过的痕迹等。

(6)他们可能会无缘无故开始清理自己所有的东西,将自己的贵重物品送给他人。

(7)他们可能会做一些非同寻常的类似告别、叮嘱的事情。

(8)他们可能会做一些极端和不计后果的冲动行为,如独自去爬危险的山、飙车等。

(9)他们可能会性格变得反常,突然变得容易与人发生冲突。

(10)他们可能会购买一些与自杀有关的药物或工具。

(11)他们可能会睡不好觉、吃不下饭。

（12）他们可能会过量饮酒或服用药物。

（13）他们可能会在聊天软件上留言说有自杀的计划。

（14）他们可能注意力无法集中，学习成绩骤降，对什么事情都提不起兴趣。

（15）他们可能会独来独往，不愿与人交流和交往。

3. 情绪信号　他们的情绪明显不同于往常，可能会经常感到悲哀、抑郁、焦虑、绝望、愤怒、暴躁、易怒、失控、内疚、孤独、无助等。这些情绪体验非常强烈，持续时间也比较久，而且非常不稳定，轻松 - 愁苦 - 恬静 - 大吵大闹并存。

4. 认知信号

（1）他们可能会认知僵化，思维狭窄，无法以更广阔的视角去看待世界，甚至会以更消极、悲观、极端的角度去评价外界事物。比如他们认为自杀是结束痛苦和困境的唯一之路；他们觉得自己没有希望，无法继续活下去；他们认为痛苦是无法忍受的，而且永远都不会变好等。

（2）他们可能会觉得一切事物都没意思、没意义，感觉自己毫无价值、一事无成、不配活着，感到挫败和羞耻。

（3）他们可能会认为自己是别人的负担，背负着罪恶感和内疚感。

三、培训练习

当学习完上述知识和信息后，可引导受训者进行练习，来巩固习得的知识。可以采用小组讨论的方式，集体讨论和分享，最后由授课者邀请小组成员分享每个组的情况。小组可围绕以下问题进行思考和讨论。

1. 请想象，某日你的学生向你提到自杀相关的想法，当下的感觉如何；你觉得会有怎样的本能反应？

2. 当有学生袒露这些想法时,应该以怎样的态度回应?

3. 在日常工作中,是否曾留意有些孩子受到危险因素的影响,并发生了哪些变化?

4. 在日常工作中如何更加容易地去察觉到自杀预警信号?

5. 请对照上述预警信号,回顾班里是否有这样的学生。

四、模拟演练

受训者可根据自己的案例或者下面的脚本进行练习。脚本中的话术仅供参考,要用自己的语言进行表达。

老师: 我感觉到你最近状态好像不太好,上课不像以前那么爱回答问题,下课也不太跟同学接触(识别个体情绪、行为的变化),愿意跟我分享一下发生了什么事情吗? 你最近情绪感觉怎么样? (通过了解学生的情绪状况,来了解是否有自杀的风险)

学生: 我最近感觉情绪不太好,总感觉很难受,想哭,做什么事情都提不起兴趣,上课也听不进去。

老师: 最近遇到了什么困难吗? 或者在这些不好的情绪出现之前发生了什么事情吗? (了解情绪背后的应激事件)

学生: 是的老师,最近外校的不务正业、游手好闲的人在学校门口天天堵我,找我要零花钱,我不给钱他们就要打我,我不敢跟家长说,也不敢跟您说,每天都处于担惊受怕之中。

第四节　开启自杀话题

一、开启自杀话题的准备

打破沉默，主动询问是预防自杀的第一步，也是重要的一步。很多时候，因为对自杀的各种污名化和病耻感，又或者是不想给别人带来压力和负担，有自杀想法的孩子很可能不会主动告诉他人那些正在困扰他们的危险想法。但如果不打破这个禁忌，这些秘密有可能会发展成无法挽救的悲剧，而这也是我们最不希望看到的结局。

在打开自杀这个话题前，老师、家长或者其他关心孩子的人需要做好心理准备，建立对自杀的客观、科学的态度。明确直接询问自杀并不会把这个想法植入到孩子的脑海里，反而显示出愿意跟孩子讨论此问题的积极态度。这样，他们可以更从容、放松和自信地与孩子讨论自杀话题，有助于帮助孩子放下戒备心，感到安全，进而能毫无保留地表达自己的感受。如果表现出胆怯和不确定，孩子可能就无法放松下来进行交谈。

有些人会担心在交谈过程中说错话，又或者不知道该如何开启这个话题。其实相比于纠结该如何使用最恰当的词语和句子来询问，能不带评价地倾听，真诚关爱地直接询问孩子的自杀情况，并让对方感受到被重视和关心才是最重要的。

当根据之前提到的风险因素和预警信号识别到孩子可能有自杀风险时，相关人员可以提前准备好将要表达的内容和可能会用到的相关资源信息。干预者应确保对话在一个安静且私密的空间进行，并预留出相当多的时间，以保证对话的隐私性和充分的交流。

二、开启自杀话题的步骤

干预者可以通过以下 6 个步骤开启与孩子讨论自杀的话题，每个步骤并没有特别清晰的界限，询问的例句仅供参考，在询问过程中可以使用自己习惯的语言，防止语言过度刻板化、教条化(表 1-2)。

表 1-2　开启自杀话题步骤

步骤	例句
预警信号，开启话题	"我留意到你最近看起来精神不太好，是发生什么事情了吗？" "我留意到你说感觉自己是个负担，而且觉得没有你，父母会活得更好，你愿意跟我说说发生什么事情了吗？"
坦诚交谈，鼓励沟通	"也许我没有办法完全了解你正在经历的痛苦，或者帮你解决所有实际困难，但我想尝试去听听发生了什么事情，并努力去理解你的感受，也想和你一起看看有没有解决困境的办法。" "咱们先谈谈是什么事情让你这么难过。"
转换立场，理解情绪	"听起来这个事情让你非常愤怒，感到非常不公平。" "我能感觉到最近你经历了很多麻烦，你正承受着非常强烈的痛苦。"
直接询问，讨论自杀	"我听到你说近来遭遇了非常多的打击和压力，并且因为这些事情而感到非常痛苦。当人们在情绪非常糟糕的时候，可能会想到伤害自己/自杀。你有这样的想法吗？" "刚才你说觉得活着没意思，我想了解一下你有想过伤害自己/结束生命吗？"

步骤	例句
明确表达，呈现接纳	"你感到很绝望，没有出路，所以想结束生命。" "我很担心你的安全，我知道由于很多原因，以前你一直是一个人苦苦支撑，我们现在可以试试有人陪伴你走出这个困境。"
保密例外，关注安全	"刚才你提到不想把结束生命的想法告诉他人，我能理解你对于告知他人有很多顾虑，可是你的安全是最重要的，在帮助你确保安全这个问题上，我们还需要必要的人的帮助，比如你的父母，我们可以详细讨论你的顾虑，看看能不能消除这些障碍。此外，我们也可以一起讨论哪些细节是你不希望告诉他们的。"

三、开启自杀话题的注意事项

（一）要做

1. 在沟通时，保持冷静和理解的态度至关重要。干预者应耐心倾听，承认孩子的痛苦情绪是真实的。说教、打断、否定他们所经历的情绪上的痛苦，或是指责他们的想法，只可能对他们造成更多的伤害，甚至可能使情况进一步恶化。

2. 当理解孩子的想法感到困难时，不妨想象把自己代入到他们的处境里，尝试站在他们的立场来理解他们的情绪，例如，想象自己是一个没有独立生存能力的孩子，日复一日地面对来自家庭或者校园的各种压力和痛苦，却无计可施、无处可逃，此时会有什么样的感受。

3. 除了语言上的支持外，还应保持专心的倾听，通过肢体语言来表示尊重和理解，比如保持眼神接触，适当点头来表达肯定，以及保持放松的身体姿势等。

（二）不要做

1. 请勿使用"矫情"或者"胡思乱想"等带有批判性或指责意味的词语来评价他们，因为这样会让他们觉得被拒绝且不被理解，从而封闭自己的真实想法，停止求助。

2. 当孩子倾诉给他们造成压力和痛苦的事情之后，请不要将自己或别人类似的经历拿来作比较，并否定他们痛苦的感受。比如"你这才多大点事？我当时经历的事情比你的惨多了，还不是一样扛过来了，别想太多了。"

3. 不要告诉他们要振作起来，因为这是在否定他们当下痛苦的情绪，这样平淡的打气不仅起不到鼓励的作用，还会让孩子感到不被理解，不利于进一步的交流。

4. 不要建议他们去摆脱那些想法，因为如果这个方法能起效的话，他们肯定已经尝试并成功了。

5. 不要假设这件事会自然而然地过去，而不做任何努力和干预。

6. 不要让当下自杀风险非常高的孩子独处。

7. 不要问一些暗示否定答案的问题，比如"你不会是想结束生命吧？"或者"你不会是想做一些蠢事吧？"，这样会阻止他们对外界敞开心扉。

8. 请不要阻止孩子用哭泣等方式宣泄情绪，不要跟孩子争论自杀的对错，也不要使用威胁手段，或者通过让孩子产生愧疚感来阻止自杀。

9. 千万不要因为愤怒或者沮丧而使用激将法鼓励他们采取行动，如"好啊，你想死就去吧，看有没有人理你！""有本事你就划得狠点，要么就别做"等。

四、培训练习

当学习完上述知识信息后,可引导受训者通过角色扮演,来练习如何开启自杀的话题。请与三位一起学习本书的伙伴分为一组进行角色扮演,并轮流扮演有自杀风险的学生、老师及观察员。"学生"有剧本,而"老师"则结合自己的理解及例句来进行对话。每次对话练习结束后,都由观察员给出反馈,并对此进行组内讨论。

有自杀风险的学生角色扮演脚本如下,学习者也可根据自己真实的案例进行练习。

有自杀风险的学生角色扮演脚本:
自杀话题开启案例

小 A 在小学的时候成绩常常名列前茅,但自从上了初中之后成绩明显下降。父母知道这件事情之后大为恼火,认为他是因为贪玩导致成绩下降,狠狠地责备了小 A 一顿,小 A 从此变得更加沉默。

老师留意到小 A 常常在课堂上睡觉,就算是清醒但注意力也不集中,作业经常晚交甚至不交。下课的时候他很少跟同学一起玩,经常一个人待着。他看起来总是闷闷不乐,提不起劲的感觉。当老师跟家长交流时,父母抱怨小 A 在家里只顾着玩游戏,拒绝跟他们交流,他们甚至怀疑小 A 在网恋。

小 A 的内心世界:小 A 从小跟外公外婆在乡下长大,两位老人对他慈爱且宽容,在那里他也有一群从小就认识的朋友。但上了初中之后,他被接到城里跟父母还有弟弟一起居住。父母工作都很忙,陪伴他的时间不多,而且对他比较严格。弟弟从小跟父母长大,小 A 看到弟弟跟爸爸妈妈撒娇的时候会觉得他们才是一家人,自己跟他们格格不入,跟家人之间有无形的隔阂。自从搬到城里之后,小 A 没有办法跟之前的朋友保持联系,在新学校也没有交心的朋友,所以常常一个人待着。

小 A 的自杀想法: 小 A 有强烈的孤独感和无价值感,觉得自己学习不好很没用,不知道自己的未来会是什么样子,他觉得自己的存在没有意义,觉得没有人真正地在乎他、理解他、爱他,常常觉得自己的孤独无人可说。在心情最低落的时候,他会觉得这世界有没有他都一样,甚至也许他死了对家人来说会是一种解脱。

扮演"老师"角色的受训者,结合本节所学习到的开启自杀话题前需要准备和注意的事项(参见前述"一、开启自杀话题的准备""三、开启自杀话题的注意事项"部分),按照"开启自杀话题步骤"(参见前述"二、开启自杀话题的步骤"部分)进行练习,以期通过有效沟通,识别并支持有自杀风险的"学生"。以下对话可供参考,受训者也可根据自己的案例进行练习。脚本中的话术仅供练习参考,要用自己的语言进行表达。

老师与学生间的交流需要真诚、温暖,多以开放式提问来引发学生表达更多信息和情绪感受等。在交流的过程中,学生可能不会马上就表达出完整的信息,干预者需要认真倾听,耐心提问,让学生感觉到自己被理解,感受到环境的安全,这样才能收集学生们更多的信息,为接下来的干预奠定基础。

观察员需要仔细观察角色扮演中的交流互动,注意"老师"和"学生"的言语及行为表现,记录有效的沟通技巧和需要改进的地方。结束后,观察员应向受训者提供明确、具体的反馈,帮助他们认识到自己在沟通过程中做得很好和需要改进的地方。此外,观察员还需引导小组讨论,促使所有参与者分享体验和学习心得,从而增强整体的学习效果和反思能力。这种反馈和讨论对于受训者在面对自杀危机的真实情境中提升应对危机的技能至关重要。

老师: 小韩,我最近发现你情绪好像不太高,看着闷闷不乐的,并且也不太愿意跟同学相处,大家去玩的时候,就你一个人坐在座位上,是最近有什么事情影响你吗?(干预者根据情绪和行为信号发觉学生的状态不好,接下来采用开放式提问了解更多信息)

学生: 最近发生了很多事情,我觉得压力特别大。

老师: 我看你的成绩最近也有所下降,上课的时候注意力好像也不是特别集中。老师知道你并不是不想学习,肯定是遇到什么事才导致你这样的表现。能不能跟老师说一说,看看能不能帮到你?(理解孩子当前确实遇到困难了,导致成绩下降等现实问题,通过开放式提问了解更多信息,并表达支持,对学生进行支持鼓励)

学生: 最近我爸爸妈妈好像因为做生意亏了很多钱,他们老是因为这个事情在家里吵架。其实也不怎么当着我面吵,但是家里就那么大,我总是能听见。有一次我就听见他们吵架说要不是因为我的话他们早就离婚了,再加上我的奶奶本来身体就不好,最近还因为这些事情生病了,情况特别严重,我从小是奶奶带大的,心里特别害怕。

老师: 听起来你这阵子确实经历了很多事情,看到你刚才一边说一边哭，能感受到这段时间你过得很不容易，很委屈。家里经济突然受到了影响，爸爸妈妈也说了一些让你伤心的话，再加上奶奶身体也不好，你会觉得压力特别大，很有负罪感（简单总结学生的言语，让学生感受到被认真倾听和关注，学生会更真实、不加掩饰地说出自己遇到的困难）。确实我们每个人在生活中遇到困难时，都会受到很大的影响（给予正常化处理）。我想再了解一下你的情绪、睡眠、饮食等方面有没有受到影响（通过开放式提问对最近生活状态进行评估，进一步评估学生的状况）。

学生：我最近总睡不好，梦见爸爸妈妈不要我了，奶奶也走了。半夜被吓醒后再也睡不着了，所以白天状态很差，导致上课注意力也很难集中，作业也完成得差。整天脑子里就想家里那些事，觉得什么都没意思，成绩一直往下掉，我也不知道该怎么办。这样下去，高考肯定考不上，人生也完了。

老师：看起来你最近各方面都受到了影响，睡不好、无法集中注意力听讲，以前喜欢做的事现在也都不愿意做了，情绪很低落，并且对未来有很多担心，担心高考失败，未来会因此毁掉。那在过去这段时间里你情绪最不好的时候有没有想过伤害自己？（此部分干预者通过开放式提问主动开启自杀话题，直接询问学生关于自伤、自杀的想法或行为）

学生：有吧，我觉得我活着也没什么用，还是爸爸妈妈的负担。我要是死了，他们就可以离婚过自己想要的生活了，而且我成绩那么差，要是没有我，也不会影响班级的整体成绩,我爸爸妈妈也不会因为我这么差的成绩而觉得颜面无光。老师,我说的这些话,你可以帮我保密吗?你会跟我爸爸妈妈说吗?

老师: 小韩,刚才你提到了你想伤害自己的生命,这个是跟你的生命安全有关系的,同时你现在是未成年人,所以为了安全起见,我们需要跟你的父母针对这件事情进行沟通,但并不是为了去指责你,也不是为了给你的父母平添一些负担,而是我们一起联手帮助你渡过这个艰难的时期。如果你愿意的话,老师以及我们专业的心理老师后续也会帮助你。(此处进行保密突破的讨论,干预者要对学生进行知情同意,与学生澄清保密与保密例外的情况,使他们清晰地知道如果他有危机相关的情况,老师可能会突破保密,告知家长,帮助孩子理解突破保密并不是为了和父母一起责怪他,而是大家一起努力帮助他)

第五节　评估自杀风险

评估自杀风险是一个连续且动态的过程,需要在某个阶段内定期评估,直到孩子的风险降低或者消失。自杀风险的评估是多方面的综合评估,不仅需要了解自杀直接相关的因素,如自杀意念、计划或准备,还需要探讨以往激发或阻止他们自杀的因素(比如可以问发生了什么事情让他们计划自杀,有什么问题是他们自杀后就不用面对或者解决的;如果有其他的方法,他们是否还会用自杀的方式面对;哪些方面让他们决定不自杀,哪些方面使他们觉得还是得活着;世界上是否还有他们所留恋或者惦记的人或事等)、以往精神障碍的诊断、既往自伤史,以及其社会心理状况等多方面因素。在评估本次自杀风险的时候可以采用"爬梯子"法,逐步深入了解孩子的风险程度(图1-1)。

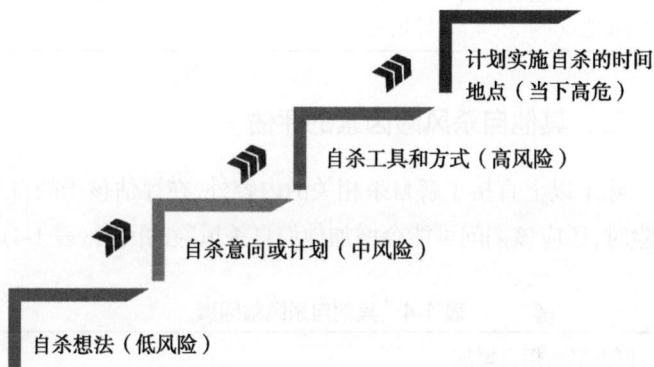

图 1-1 "爬梯子"法

一、"爬梯子"当下自杀风险评估(表 1-3)

表 1-3 自杀风险程度评估

风险程度	例句
明确自杀想法(了解内容,频率,持续时间)	"当你说觉得活着没意思,不想活了的时候,你的意思是想要结束自己的生命吗?" "你是偶然这样想,还是经常?""这种想法是从什么时候开始的?"
确认打算实施自杀的意图	"如果我们用0~10来打分,0代表只是想想而已,完全不会去做;10代表你的想法很坚定和强烈。你会打多少分?"

风险程度	例句
确认自杀计划（了解详细情况）	"你有详细计划过如何实施自杀行为吗？比如打算如何做，什么时候做，在哪里做？"
询问自杀工具和方式	"你刚刚提到说打算通过使用药物的方式来结束自己的生命，你家里现在有相关药物吗？如果没有，你打算如何获得？"
确认计划实施自杀的时间和地点	"你有计划在什么时间，在什么地方实施这个计划吗？"

二、其他自杀风险因素的评估

除了以上直接了解自杀相关的内容外，在评估孩子的自杀风险时，还应该询问可能会增加他们自杀风险的因素（表1-4）。

表1-4 其他自杀风险因素

非即刻高危，但会增加自杀风险的因素	例句
既往自杀未遂的经历	"你之前是否有过结束自己生命的行为？"（如果有的话）"当时的情况有多严重，是否有去看医生？"
自伤行为	"你之前是否会故意伤害自己，比如划伤、烫伤或者用其他方式？"（如果有的话）"你这么做的目的是结束生命，还是为了缓解情绪，或者脱离麻木的感觉？或者是其他需求？"
滥用酒精或药物	"你会通过喝酒或者使用药物的方式来控制或者麻木自己的情绪吗？"
创伤史	"你之前是否遭遇过暴力、欺凌或者虐待等重大创伤性事件？"

三、自杀的保护因素的评估

1. 活下去的理由　这是当儿童青少年自杀想法最为激烈时,能够阻止他们不去实施自杀想法的重要的人或事物,比如他们的家人、朋友、宠物、游戏等。

2. 支持资源　这是指当个体处于危机状态或经历痛苦情绪时,可以求助的家人、朋友、老师或其他资源,比如热线电话等。自杀保护因素见表1-5。

表1-5　自杀保护因素

自杀保护因素	例句
活下去的理由	"当这些自杀的想法最强烈时,是否有重要的人或者事物,能让你决定不去实施这些想法?" "尽管刚才提到了诸多让你感到难过的事和人,那么这个世界上有没有你觉得美好和留恋的?"
支持资源	"当你感到伤心难过的时候,有哪些人可以陪你聊聊天来缓解这些情绪?" "当你痛苦到想要伤害自己的时候,做什么可以让你不会真的这么做?"

四、培训练习

当学习完上述知识和信息后,可引导受训者通过角色扮演,来练习自杀风险的评估。请与三位一起学习本书的伙伴分为一组进行角色扮演,并轮流扮演有自杀风险的学生、老师及观察员。"学生"有剧本,而"老师"则结合自己的理解及例句来进行评估。每次对话练习结束后,都由观察员给出反馈,并对此进行组内讨论。

角色扮演脚本如下,学习者也可根据自己真实的案例进行练习。

案例 1：　低自杀风险案例

　　小 B 之前一直品学兼优，深受老师和同学们的喜欢，也是父母的骄傲。但自从进入高中之后，因受到学业压力影响，小 B 的心情波动较大，变得多愁善感，注意力难以集中。加上随着年级的升高，学业压力变大，她晚上开始因焦虑而失眠。这些因素开始影响到小 B 的成绩，且因父母对小 B 寄予的期望很高，发现小 B 成绩下降之后对她的教育更加严厉，时常提醒她要努力学习，甚至把她的生活费缩减，以防她出去玩，也严格限制其休闲时间。小 B 的学习越来越吃力，越来越怀疑自己的能力，再加上家长经常指责和不理解，她积累了越来越多的愤怒和郁闷。小 B 开始经常感到强烈的头疼和胃疼，但去医院检查也没有发现任何器质性问题。

　　自杀想法：小 B 觉得自己很失败，无法面对无能的自己，感觉很绝望，她常常希望自己睡着了不用再醒来。

　　自杀计划：虽然偶尔会有"不想活了"的想法，但也只是希望这样痛苦的日子能够停止而已。小 B 没有想过要真的结束自己的生命。

　　自杀意图：小 B 只有自杀的想法，并没有明确的自杀计划或意图。

　　既往自杀史：无。

　　其他因素：虽然父母对小 B 很严格而且也无法理解她，但小 B 知道他们还是很关心自己的，还有家里的祖父祖母也很爱自己。小 B 在班里人缘很好，有几个好朋友经常和她一起互动、谈心。她平时习惯通过写日记和听音乐来平复自己的心情。

　　以下脚本供受训者在练习上述案例时参考，要用自己的语言进行表达。

老师：你刚刚提到想伤害自己，大概是从什么时候出现的？（对自杀意念第一次出现的时间进行评估）

学生：应该是从这个学期开学开始的，差不多有3个月，一开始我只是偶尔想，"我如果死了就好了"，但是最近此类想法比较频繁，可能每周都会这样想。

老师：可以再具体讲一下吗，每周大概有几次？（对自杀意念出现的频率进行评估）

学生：每周大概有两三次。

老师：可以跟我说一说你有具体结束生命的计划吗？比如你打算如何实施，什么时候实施？（对自杀意念进行具体化评估，看是否有自杀计划）

学生：我觉得活着没用，很痛苦，我要是不存在那就真的一切都好了，所以就想从我们家楼顶上跳下去。

老师：除此之外，你还有想过其他的方式吗？

学生：我想过，比如我要是出门哪天被车撞死了也挺好的。

老师：据我所知楼顶天台的门有的是锁着的，有的是开放性的。我想跟你确定一下你家的楼顶是什么样的？（此部分干预者对自杀工具的可得性进行评估，进一步了解危机的严重程度）

学生：一般不锁，可以随时上去。

老师：你刚才提到一开始想的频率比较低，现在频率比较高，一周有两三次，那你最近有过具体的自杀计划或者行动吗？（对近期自杀计划及行为进行评估，评估近期危机程度）

学生：感觉目前更多的还是想法，只是想一想，没有真的打算去做。

老师: 过往在你情绪低落的时候,是否计划过伤害自己?

  （对过往危机行为进行评估）

学生: 没有,我觉得这样想会让我的情绪好一些,但还没有勇气真的去做。

案例 2:   中自杀风险案例

小 C 从小就被欺负,常常因为长相和身材被同学们嘲笑,她性格内向,成绩也一直是班里的倒数。小 C 长期遭受校园霸凌,被孤立、造谣,被取有侮辱性的外号。她之前曾经因为抑郁症而休学一段时间,但回来之后整个人的状态依然不好。

自杀想法: 在她看来,每天的生活都是一种痛苦和折磨,自杀是唯一的出路,是终结她痛苦的唯一办法。

自杀计划: 她常常想着通过吞食大量的药物来结束日复一日的痛苦,或者如果发生一些意外事故能把她带走就好了。

自杀意图: 尽管觉得非常痛苦,但她没有实施这个计划的意图,她答应过父母不会自杀,而且她放心不下自己养的小猫。虽然没有详细的计划,但她曾经偷偷地攒了父母服用的安眠药,但后来被妈妈发现,这些药全部被藏起来了。

过往自伤经历: 在她感到非常痛苦时,她会通过自伤的方法来转移自己的痛苦,比如用尖的东西划伤自己的手臂,或者掐自己等。

其他因素: 她目前仍坚持服用药物治疗抑郁症,并定期复诊。

以下脚本供受训者在练习上述案例时参考,要用自己的语言进行表达。

老师: 你刚刚提到的想要离开这个世界的念头最早是从什么时候出现的?（干预者对学生自杀意念第一

次出现的时间进行评估)

学生: 大约一年前,那时我状态很差,严重的时候因为确诊抑郁症而休学一段时间,到现在我也一直在服用抗抑郁症的药物。

老师: 当初遇到了什么事情,让你感觉状态很糟糕,甚至想要自杀?(干预者对学生危机背后的事件进行探讨)

学生: 有许多原因,感觉对我影响最大的就是同学们老嘲笑我长得胖,给我起各种难听的外号,课下也都孤立我,不跟我说话。每当听到他们的嘲笑,我就很难受,上课也听不进去,成绩也下降了。觉着整个世界都孤立我,活着很没意思。

老师: 真是一段艰难的日子。在这最艰难的日子里你关于自杀的想法出现的频率是什么样的?(对自杀意念的频率进行评估)

学生: 几乎每天都有。

老师: 你当时是否具体计划过如何结束生命?(对自杀工具进行评估)

学生: 我想过过量服药来结束生命,这样我就不用痛苦地活着了。

老师: 你有具体的计划或者行为吗?(对自杀计划进行评估,进而了解风险程度)

学生: 我当时策划过买什么药来吃,但后来放弃了,我并没有真正的去实施过我头脑中的那些念头。

老师: 是什么支持着你,让你并没有真正去做?(干预者帮助学生找到,并强化活下来的理由,成为学生的积极资源)

学生: 我答应过我的爸爸妈妈要照顾好自己,如果我死了他们会很伤心，我不想让他们难过，同时我死了就没人照顾我养的小猫了。

老师： 刚才你提到没有做结束生命的行为，那么我还想了解一下是否有伤害自己的行为，尽管不是为了结束生命？（干预者了解学生的自伤情况）

学生： 有，在我真的很难受的时候，我会尝试用刀划自己的胳膊，每次划完后我都会觉得情绪暂时好一些。

老师： 这种情况一共有过几次？

学生： 大约三四次。

案例3： 高自杀风险案例

小 D 情绪很不稳定，易怒、烦躁，对什么事情都没有兴趣，最近连喜欢的游戏和篮球都不愿意继续接触了。在学校里也经常跟同学们发生冲突，容易冲动。家庭氛围比较紧张，父母经常打架，爸爸酗酒。妈妈打算跟爸爸离婚，但爸爸要求不能带走孩子，妈妈同意了。小 D 最近喜欢把"还不如死了算了"这句话挂在嘴边。

自杀想法： 觉得自己是别人的累赘；自己如果不在了，父母会过得更好；看不到未来，觉得生活很苦，没有希望；没有继续活下去的理由；自杀想法是从爷爷去世之后开始的，已经持续一年多，时多时少。

自杀计划： 打算上吊或者冲到马路上撞车。

自杀意图： 没想过什么时候实施，但他也不能保证冲动的时候是否能够控制得住自己。

过往自杀未遂史： 半年前有次喝醉酒后，他想要割腕自杀，但当真正实施后看到流了那么多血就慌了，后来用毛巾止住了血,没有去看医生,家里人也不知道发生过这件事。

其他因素:他的社会支持系统不太好,没有可以倾诉和信任的人。父母即将离婚,他可能判给父亲,而父亲酗酒,经常闹情绪。他和妈妈的关系也一般。与同学们的关系一般,没有知心朋友。

扮演"老师"角色的受训者在进行自杀风险评估的演练时,需要使用"爬梯子"法,逐步深入了解孩子的自杀风险程度,并结合个案背景信息,在交谈过程中尽可能挖掘孩子自杀的风险因素及保护性因素。

观察员则负责仔细观察这一过程,记录交流的有效性和可能的不足,对话结束后提供详细反馈,帮助老师改进沟通策略,并促进小组内部的讨论。这样的练习不仅加深了对自杀预防知识的理解,还提高了实际应对自杀危机的能力。

以下脚本供受训者在练习上述案例时参考,要用自己的语言进行表达。

老师:我最近看你状态不好,上课也不能集中注意力,跟同学的关系也不太好,可以跟我说说最近发生什么事情了吗?(根据情绪和行为信号等引发危机的话题)

学生:最近家里遇到了一些事情,爸爸妈妈总是激烈的吵架甚至大打出手,他们还准备离婚,在讨论我归属谁的问题,这让我特别担心、难过,做什么事情也提不起兴趣,有时候会想我是父母的累赘和负担,如果没有我,他们会过得很好。

老师:的确,我留意到你以前下课后总是去打篮球,最近经常看到你坐在椅子上发呆、走神。爸爸妈妈吵架好像给你造成了很大影响,导致你的情绪状态很糟糕。在你情绪状态最差的时候你有想过自伤或者自杀吗？（鉴于学生提到"如果没有我"这种被动自杀意念的言语，干预者可直接询问学生是否有自杀的想法，来明确其风险）

学生：有，我总觉得导致他们吵架的原因是我，因为我的事情产生分歧，这都是我的错，我经常想如果我不在了，大家都会过得更好。

老师：你想过用什么方式伤害自己或者结束生命吗？（了解学生的自伤方法，有助于进一步评估自伤风险）

学生：如果过马路时有辆车过来撞死我就好了。

老师：这个念头最早是什么时候出现的？（干预者了解学生最早出现自杀想法的时间，以及诱因）

学生：大约在一年前，当时我的爷爷去世了，再加上爸爸妈妈总是吵架，我真的不知道该怎么办了。

老师：这个念头出现的频率是什么样的？

学生：几乎每天都有。

老师：你有具体的计划或者具体的行为去实施吗？（干预者了解学生自杀的计划，进一步评估自杀风险的程度）

学生：没有具体实施过，但我也不能保证哪天我就做了。

老师：除此之外，你曾经还有过其他的伤害自己的想法或者行为吗？（干预者进一步了解学生过往的自杀计划和行为，进一步评估自杀风险的程度）

学生：有，半年前我喝酒后尝试过割腕，当时血流的太多，我有点害怕，就没再继续伤害自己，也没敢告诉家里人。

老师：你跟爸爸妈妈或者跟朋友的关系怎么样，在你遇到困难或者心情难过的时候,你可以和谁说?（干预者了解学生的支持系统等保护性因素,如果保护性因素很少,则提示风险更高,另一方面也要强化学生活下来的资源）

学生: 我没有比较要好的朋友,我更爱我的妈妈。我的爸爸总喝酒,喝完酒还会打我,所以我不喜欢他,但他们离婚后我由爸爸抚养,不得不面对他。

第六节　制订安全计划

在评估完孩子的自杀风险后,要有针对性地制订安全计划。对于相对低风险的孩子来说,如果他们只是偶尔出现自杀想法,且强度不大,只是想想,目前也没有任何计划或意图去实施这些想法,那么现阶段可以教授他们一些心理健康知识,缓解情绪和增强人际关系的技巧,告知他们相关求助资源。此外,也要告诉他们如何监测自己的情绪和自杀想法,一旦发现情绪崩溃及自杀想法越来越强烈,逐渐不受控制,要及时向家长、老师等寻求帮助。

对于不属于即刻高危,但对自杀意图不受控制,不确定何时会伤害自己的孩子,需要和他们一起制订一份详细的且容易操作的安全计划。请注意,安全计划需要根据他们的个人情况来制订。通常可以向他们提出安全计划中的相关问题,让他们自己决定如何去做。如果他们不确定或无法回答某个问题,也可以向他们提出建议。

如果孩子当下有高自杀风险,比如正在实施自杀行为,或者马上要实施自杀行为,一定要特别关注。请勿将孩子留下独处,要留人陪伴孩子,尽快联系家长及学校相关负责人,并告知风险,待家长到校后,将孩子交给家长,并建议及时去正规医疗机构接受专业的治疗,以保障他们的安全。

一、制订安全计划

通过帮助孩子回忆之前帮助他们阻止自杀的资源(即自己积极应对的方式及他人的帮助等),可以让孩子意识到自己曾经如何成功应对自杀危机,并及时肯定、强化他们的这些保护性因素。教师要鼓励孩子将这些保护性因素及支持他们选择活下来的理由记录在安全计划卡片上,并将紧急联系人、求助资源或安全卡片记录在随身携带的笔记本、手机屏保或者手机备忘录等自己方便获取的地方。

1. 危机发生前,有哪些预警信号 与孩子一起回顾过往在自杀想法特别强烈的时候,通常会有哪些异常表现,或者当时发生了什么? 比如可能会感到心情烦躁,封闭自己,不愿与人说话,睡眠紊乱;也可能是在和家人发生了冲突之后,考试成绩不理想的时候,被同学欺负的时候等;可能当时思维混乱,一门心思就想着结束生命等。告知孩子,可以对这些信号保持觉察和警惕,当意识到这些信号的时候,可以分散注意力,帮助自己不沉浸在当时极端情绪和自杀的念头中,防止自杀行为。

2. 危机发生时,可以如何转移注意力 与孩子一起讨论,如果危机发生时,身边没有其他人,他们如何通过做些事情转移注意力,进而预防自杀行为的发生;也可以问孩子过往有没有过这样的经历,当时虽然自杀想法强烈,但是并没有实施自杀行为,而是做了其他一些事情。孩子在特别想要伤害自己的时候,可以做一些简单且高强度的运动,比如原地跑或跳;吼或骂出来;把音乐、电视节目等的声音放大,大声唱歌或说话;给他人打电话等。

3. 危机发生时,可以和哪些人联系 与孩子一起讨论,危机强烈的时候,可以和哪些人联系,以寻求他们的陪伴和支持。可以问孩子,既往他们找过哪些人,其中哪些人给予的支持让他们感到比较舒适和有效,帮助孩子列出来他们认为可以提供恰当帮助的身边人,以及他们的联系方式等信息。

4. 危机发生时,可以寻求哪些帮助 与孩子一起讨论,危机强烈的时候,可以从外界寻求哪些帮助。可以问他们是否诊断过精神疾病,是否按时吃药或者接受心理治疗,接受治疗后他们的症状是否有改善等,帮助他们意识到强烈的自杀想法可能和他们的疾病有关系,坚持接受治疗,自杀想法就会消失。如果他们正在接受治疗,鼓励他们遵医嘱坚持;如果他们从未就医,可以给予心理健康知识和当地精神卫生资源的信息。此外,也可以给他们提供危机热线电话的信息等,帮助他们在危机最强烈的时候能够得到及时的支持。

5. 危机发生时,如何让环境变得安全 与孩子一起交流自杀相关的知识,帮孩子意识到自杀想法是波动的,自杀想法最强烈的时候,如果不做结束生命的行为,过了这个阶段,结束生命的想法就没有那么强烈,甚至消失。根据孩子想要采用的自杀方式,与孩子一起讨论,危机强烈的时候,他们能够做一些事情确保其环境的安全,以防止自杀。假如孩子打算跳楼,可以和他们商量在自杀想法最强烈的时候远离窗户、高楼等;假如他们打算割腕,建议他们把身边的利器都收起来,不要保存在自己手里;假如他们打算服用治疗药物,可以让他们把药物都交给父母保存。

6. 鼓励自己要活下来的理由 让孩子了解到人在情绪特别崩溃的时候,思维会变得狭窄,只看到悲观绝望的一面。因此,在自杀想法特别强烈的时候,要刻意提醒自己,生活中还有哪些积极的事情,有哪些人或者事物值得他们活下来,进而增强他们活下来的动力,防止自杀行为。

上述安全计划不仅要和孩子一起制订,也可以制作成卡片,让孩子放在身边,在他们情绪特别崩溃,想要结束生命的时候,能够随时拿出来,提醒他们如何对抗自身的自杀冲动行为(图 1-2)。

二、简单的情绪安抚

与孩子沟通过程中,他们的情绪可能处于特别激动的状态,或者突然变得情绪崩溃,这种情况下可以先为他们提供一些稳定情绪的简单活动,帮助他们先把情绪稳定下来,再进行安全计划的制订。

1. "五,四,三,二,一"活动 当孩子沉浸在负性情绪中时,可以通过这个技巧帮助孩子把注意力从混乱崩溃的情绪拉回到现实中。

让孩子说出五个他们在当下环境中能看到的物体,四种现在能听到的声音,三个能摸到的物体,二个能闻到的气味,一个能尝到的味道。通过让他们与现实世界连接,进而帮助其走出情绪的困扰(图 1-3)。

安全计划模板
第一步：可能发展为危机的预警信号（想法、情绪、行为、情境） 1. .... 2. .... 3. ....
第二步：可以分散我注意力的方式——在只有我自己的情况下，我能够做到的来转移注意力的事情（放松技术，身体活动） 1. .... 2. .... 3. ....

第三步：可以分散我注意力的人和环境
1. 姓名：....................... 电话：...................
  地址：...
2. 姓名：....................... 电话：...................
  地址：...
3. 姓名：....................... 电话：...................
  地址：...

第四步：我可以寻求帮助的家人和朋友 1. 姓名：....................... 电话：................... 2. 姓名：....................... 电话：................... 3. 姓名：....................... 电话：...................
第五步：危机期间我可以联系的专业人士或机构 1. 临床医生或心理咨询师姓名：........ 电话：........ 2. 大型综合医院或精神专科医院名称：................... 地址：... 电话：... 3. 心理危机干预热线：........................
第六步：如何让我的环境更加安全 1. .... 2. .... 3. ....
对我来说最重要、最值得活着的原因是： ....
紧急联系人1：................... 电话：................... 紧急联系人2：................... 电话：...................

图 1-2　安全计划模板

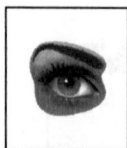

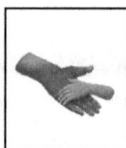

| 5-说出五个你现在能看到的物体 | 4-说出四种你现在能听到的声音 | 3-说出三个你现在能摸到的物体 | 2-说出二个你现在能闻到的气味 | 1-说出一个你现在能尝到的味道 |

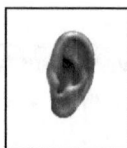

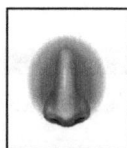

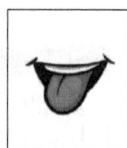

图1-3 "五,四,三,二,一"活动

2. "4-7-8"气球呼吸法 当人感到焦虑或受到威胁时,呼吸会加快而短促,而这种急促的呼吸又会增加人的焦虑感受,形成恶性循环。腹式呼吸会让呼吸变得更慢更深,调整呼吸后,身体会感到放松,情绪也会相应地变得平静。

让孩子们想象在他们的肚子里面有一个气球,当他们吸气时,腹腔慢慢打开,将气吸到肚子里的大气球中,并且充满腹腔。吸气4秒,屏住呼吸,保持7秒,想象这个大气球充满了整个腹腔。然后缓慢地把气球内的气体都呼出去,大约8秒。整个过程中,让孩子把注意力放在肚子里的气球上,随着呼气 - 吸气感受气球变大变小。

用下述指导语带领孩子开展练习:吸气,1,2,3,4;屏住呼吸,1,2,3,4,5,6,7;呼气,1,2,3,4,5,6,7,8(图1-4)。

图1-4 "4-7-8"气球呼吸法

3. 蝴蝶拍　当人感到激动、不安、愤怒等不良情绪的时候，这个技巧可以帮助其缓解焦虑情绪，增加安全感，使身心进入一种稳定状态。

指导孩子这样做：双臂在胸前交叉，右手放在左侧胸前，左手搭在右侧胸前，两个大拇指可以扣在一起做成像蝴蝶的身体，也可以分开平放，两个手掌像蝴蝶的翅膀。双手轮流轻拍自己的臂膀，左右各一下为一轮。速度要慢，轻拍4~6轮为一组，就好像婴儿时期母亲安慰孩子一样，轻而缓慢，让自己感觉舒适。告诉孩子，在这个过程中可以想象过去曾给他带来积极体验的事情，并留意在蝴蝶拍的过程中积极的情绪是否有增加。如果脑中有任何想法出来，只是留意它，就像看天上的云朵，任它飘来也会飘去。如果有任何不好的感觉，可以先告诉自己把它放在一边，这对现在没有帮助，现在只是注意好的感受，如果仍有不好的感受就停下来，改用其他方法让自己感觉好起来（图1-5）。

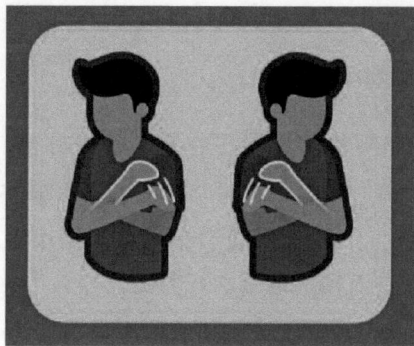

图 1-5　蝴蝶拍

三、培训练习

当学习完上述知识和信息后，可引导受训者进行练习，来巩固习得的知识。可以采用小组讨论的方式,集体讨论和分享,最后由授课者邀请小组成员分享每个组的情况。小组可围绕以下问题进行思考和讨论。

1. **小组讨论** 在转介高风险学生的过程中,有哪些可能出现的问题,以及有哪些可以解决的办法。

2. **小组练习** 三位老师为一组,每次一位老师阅读放松练习的指导语,带领另外两位老师体验练习,每次 5 分钟。结束之后其他两位老师再轮流选其他的练习一起体验。练习结束之后,请老师们讨论觉得哪个技巧能够更有效地帮助学生稳定情绪。

3. **角色扮演** 三位老师为一组(轮流扮演学生、老师、观察员),继续使用之前扮演的案例,来练习沟通和共同制订安全计划,每次角色扮演时间为 10 分钟,然后观察员给出 5 分钟左右的反馈以及讨论。15 分钟结束后,角色调换,直至每位老师都扮演过所有角色(材料可参考第五节中提及的 3 个案例)。

四、模拟演练

老师: 小韩刚才你提到了特别痛苦的时候,你会有伤害自己的想法,通常有这个想法的时候你会有哪些表现?(干预者帮助学生能够识别出自杀的预警信号,进而预防自杀的行为)

学生: 心情特别差的时候,满脑子都有一个声音在跟我说:"你去死吧""死了就对了"。经常都是在晚上的时候,睡不着,很烦躁,脑子里就一直在想,"我要是死了就好了"。

老师: 这点很重要,对于你来说好像通常在晚上特别烦躁的时候,脑子里面总有声音告诉你,"结束自己的生命"。当这些信号出现的时候你需要提醒自己应该做些事情来照顾自己,让自己变得更安全。(干预者帮助学生意识到在有这些信号的时候需要做些事情转移注意力,防止自杀行为的实施)

学生:好的。

老师:过往你遇到这种情况的时候,你是怎样积极的帮助自己渡过这个关口的?(干预者帮助学生找到过去有效的应对策略)

学生:我会躲在被子里,戴着耳机一直听歌,我感觉这样会好受些。

老师:听音乐是一种可以很好的帮你缓解情绪,减轻伤害自己的想法的策略。(干预者强化这个应对策略)

学生:是的。

老师:小韩,在你感到痛苦,且想要自杀的时候,你觉得哪些人可以给你提供一些帮助?你的第一选择是谁?(干预者帮助学生找到可以求助的资源)

学生:我奶奶,奶奶从小照顾我,每当我心情不好的时候,她总能及时发现并且会关心我。

老师:你的第二选择是谁?

学生:我的朋友小轩,在班里我跟他相处得很好,他很乐观,也经常关心我,跟他聊一聊,我觉得心情要好很多。

老师:一个人很痛苦想要自杀的时候可能会陷入认知的陷阱中,思维比较狭窄,除了自杀看不到其他选择,且容易做出冲动行为,为了防止冲动举动,在很痛苦的时候可以联系能帮助到我们的人,比如刚才你提到的奶奶和你的朋友。另外,可以到综合医院的心理科或者到精神专科医院去寻求专业人员的帮助,也可以尝试拨打热线电话,现在很多热线电话是 24 小时提供服务的。（干预者告知学生可以使用的资源,包括身边的人、专业机构、热线电话等）

学生：我知道了,我以前都不知道这些,但以后我会尝试。

老师：当有想要伤害自己的时候,可以做其他事情来保证我们所处的环境更安全。你说到想通过跳楼自杀,情绪不好的时候会用刀划自己,为了防止冲动行为,需要尽量远离楼顶和刀具,身边没有自杀的工具有助于我们当下不作出冲动的行为,待情绪好转后,自杀的冲动可能就消失了。（干预者告知学生如何保证身边环境的安全,防止冲动性行为）

学生：好的老师,我以后会注意这些。

第七节　告知家长学生的风险

教师要识别有自杀风险的学生,及时告知家长、校方,协助家长将孩子转介到正规医院治疗,以及在校园内限制学生获得危险工具。

一、保密例外,知情同意

在教师与学生沟通并评估风险之后,如果学生请求教师对他们的自杀风险进行保密,不要告诉第三人,教师需要就此问题与学生进行细致的探讨。教师可与学生讨论告知家长其自杀风险的重要性和必要性,让学生感受到他们对老师与父母沟通的流程具有知情权,而且在沟通前也会和他们商量,哪些细节可以告诉,哪些细节不可以告诉家长。帮助学生意识到其自杀风险需要告知家长,但其他隐私仍旧是保密的。同时,教师应该联动学校其他部门员工,如宿舍管理员、保卫处的员工等,共同保障有自杀风险的学生的安全。

二、告知家长的内容

1. 心理健康教育 教师需要将之前学习到的有关自杀的知识讲解给家长,帮助家长了解自杀。心理健康教育的内容可以包括儿童青少年自杀现况,让家长意识到自杀风险,不仅是自己家孩子的问题,减轻内心的压力和沉重感。讲授自杀的影响因素等基本知识,帮助家长减少对自杀的误解和污名化。描述自杀的预警信号,帮助家长提升识别危机的能力等(该部分内容可参考附录)。

2. 稳定家长情绪 家长在知道孩子有自杀风险的时候,可能会有比较复杂的情绪,如震惊、担心、害怕、恐慌、愤怒、难过、自责等,甚至也可能会因为过度担心而否认孩子的风险,甚至可能会有攻击性的言语等。教师要关注并理解家长的不良情绪,给予情感支持,并告知其自杀是可以预防的,需要家长、学校、医疗机构和孩子本人共同努力,渡过心理危机。此外,介绍学校方面能提供的支持、经验,以及可求助的医疗资源等,帮助其缓解过度的担忧。

3. 告知家长如何与有自杀风险的孩子互动 第一,当孩子向其袒露痛苦的情绪和想法时,家长应该保持冷静,耐心倾听,不要随意打断,让孩子能够在一个宽松的环境下表达自己。

第二,家长切勿指责、呵斥,或拒绝承认孩子的自杀想法或情绪上的痛苦。这样只会让孩子从此闭上心门,拒绝沟通,从而增加悲剧发生的可能。

第三，家长与孩子讨论解决的办法，以及希望家人怎样去支持他时，应该采取合作而不是命令的方式。要耐心地与孩子一起讨论和协商，而不是硬性要求孩子如何做。

第四，当家长察觉到孩子表现出预警信号时，可直接询问他们是否有想伤害自己的想法和行为。如果孩子承认有，家长要保持稳定的情绪，继续询问更多相关信息。

4. 确定后续工作　第一，教师要向家长解释和孩子一起制订的安全计划，并将安全理念传递给家长，提醒家长关注孩子的安全。

第二，建议家长能够及时带孩子寻求专业帮助，如果有必要，可以给予相关知识，消除家长对就医、用药等的顾虑，鼓励家长采用专业方法帮助孩子。

第三，建议家校合作，共同帮助孩子应对心理危机。商定随访时间，确保学校和家长之间可以及时沟通孩子自身安全信息，以及了解家庭可能需要的帮助。

三、培训练习

当学习完上述知识和信息后，可引导受训者进行练习，来巩固习得的知识。可以采用小组讨论的方式，集体讨论和分享，最后由授课者邀请小组成员分享每个组的情况。小组可围绕以下问题进行思考和讨论。

1. 请老师们讨论对于告知家长学生的自杀风险有哪些担忧；家长听到这个消息之后会有什么样的反应？

2. 三位老师为一组，轮流练习跟家长沟通和解释孩子的自杀风险（可参考第五节中提及的3个案例）。

在与学生沟通并评估风险之后，应与学生商量在必须告知家长自杀风险的基础上,有哪些细节是他们认为可以告知家长,而有哪些信息是他们不希望家长知道的。在与家长沟通时,可向家长解释孩子自杀风险的严重性,引起他们的重视,并且给他们介绍可以使用的相关医疗资源。

四、模拟演练

老师: 小韩爸爸您好,今天叫您来,主要是想跟您沟通小韩最近的情况。我最近注意到小韩有些跟平时不太一样的地方,比如上课的时候他经常会走神,而且最近作业的完成情况也不好。下课的时候也不像以前那么爱跟同学们一起玩,所以我就找他聊了聊,发现孩子现在出现了自杀的想法,并且这个想法已经存在很久了,但是他一直没有跟大家讲。当然可能有一些原因阻碍了他告诉我们。我今天叫您来主要就是想沟通孩子的情况,以及后续我们如何帮助他。(干预者澄清本次会谈目的)

家长: 小韩现在还好吗? 我没想到他的状况这么糟糕,我们是不是做错了什么? (家长情绪激动)

老师: 小韩爸爸,可以看得出来,此时您非常难过、震惊、自责,这样的事情发生在自己孩子身上,作为家长都会有这样的情绪,这是完全可以理解的(干预者正常化家长们的反应,帮助家长放松心情)。我和您谈小韩的事情主要是希望这个问题能够引起关注和重视,您不用过于担心,自杀是可以预防的,尤其是现在小韩已经把这件事情告诉了我,而且他也很愿意让我跟家长进行沟通,说明他想积极获得帮助。学校这边也会给您和小韩提供支持,我们一起

努力帮助孩子。（稳定家长情绪）

家长： 实在抱歉老师，刚才是我太激动了，希望您可以理解。

老师： 小韩爸爸，在我们与孩子沟通之前想跟您说一些谈话技巧与注意事项，这样有助于您跟孩子有更好的沟通效果。首先，当孩子讲述比较痛苦的事情，甚至自杀想法的时候，希望您能够耐心倾听，并且保持冷静的态度，不要急着指责、呵斥孩子或者拒绝承认孩子的痛苦和自杀想法，这样只会让孩子闭上心门，拒绝跟您沟通。其次，当您察觉孩子的状态有些异常，可以直接询问他自杀的想法。最后，希望您跟孩子讨论解决办法的时候，不要采取命令的方式告诉他应该怎么做，而是采取合作的方式跟孩子一起沟通和商量接下来要怎么做，才能够更好地帮助他。（对家长如何与孩子沟通进行心理健康教育）

家长： 好的老师，这些我都记住了。

老师： 小韩爸爸，在您来学校之前，我们跟孩子一起完成了一份安全计划。安全计划指的是当孩子处在比较危险的情况下，他有哪些可以做的事情去保障自己的安全，这份安全计划孩子会随身携带。将来如果您看到孩子行为异常，可以提醒他记得去使用这份安全计划。同时也给您一些危机干预的资源，包括可以求助的医院和机构等，可以带孩子寻求专业帮助。还有一件比较重要的事情，就是想跟您商量一个后续的随访时间，时刻保持联系，学校也能够更加清楚孩子的状况，也有助于您及时了解孩子在学校的情况。（干预者澄清后续解决方案）

家长： 好的老师。

第八节　阻碍干预的因素

由于对自杀的污名化以及对相关知识了解不足,通常有自杀想法的孩子没有积极寻求帮助,而孩子身边的家长、教师等也不知道该如何帮助孩子减轻自杀风险。鉴于此,了解阻碍孩子们寻求帮助以及他人主动给予帮助的因素,有助于破除障碍,构建起助力孩子、家庭、教师共同预防自杀的路径。

一、阻碍孩子寻求帮助的原因

1. 高度的自我依赖性　很多孩子认为没有人能帮助到他们,凡事只有自己才能帮助自己。

2. 对心理问题的不了解　很多孩子可能觉得自己没有严重到需要寻求专业帮助,或者不相信治疗会有效,也可能会觉得自杀并不是心理问题,这是自己的选择等。

3. 强烈的情绪干扰　孩子们极度的绝望、悲观及无意义感等可能会阻碍孩子积极寻求解决问题的办法,更倾向于自我放弃。

4. 缺乏求助资源信息　很多时候,孩子想要寻求帮助,但感觉求助无门,在最想伤害自己的时候,不知道谁或者什么机构能帮助自己。另外,他们也不太确定家长和教师是否能接纳他们的这种想法,是否愿意帮助他们。

5. 缺乏社会支持系统　如果孩子没有要好的同学、朋友,且与父母关系一般,当他们遇到困难或者心情沮丧的时候,没有人能够给予他们支持和帮助,同时他们也不会向他人寻求帮助。

二、阻碍教师和家长给予帮助的原因

1. 教师和家长对自杀产生畏惧,有很多的不解和困惑,会阻碍他们勇敢地与孩子交流这个话题。

2. 教师和家长担心因为沟通不当或者用词不当而引起或增加孩子的自杀风险。

3. 教师和家长担心自己不能很好地应对有自杀风险的孩子,不知道该怎么做,该说什么。

4. 家长们可能会担心药物的副作用,所以会在孩子用药治疗上犹豫不决。

5. 对精神疾病和自杀的污名化可能会导致家长不愿让老师知道孩子的真实情况,不利于老师掌握情况,并对孩子予以关注。

三、培训练习

当学习完上述知识和信息后,可引导受训者进行练习,来巩固习得的知识。可以采用小组讨论的方式,集体讨论和分享,最后由授课者邀请小组成员分享每个组的情况。小组可围绕以下问题进行思考和讨论。

1. 如何去克服本节中提到的现实障碍?

2. 除了本节内容,还有哪些现实因素可能会影响或者阻止自己去干预,解决方法有哪些?

四、模拟演练

老师: 我能感觉到你是一个很独立的孩子,在学校时总是自己解决各种问题,但我们能做到的事情是有限

的,有时我们可能需要他人的帮助。(过分依赖自己是阻碍求助的因素之一)

学生:我总觉着向他人求助会给对方带来麻烦,他们没有责任也没有义务来帮助我。这次我感觉到特别痛苦,甚至想要自杀,我也没有选择求助他人,因为我不想给他人带来麻烦。

老师:当你的好朋友遇到和你一模一样的处境,你希望他向你求助吗? 如果他求助,你愿意帮助他吗? 还是会觉着麻烦,让他自己解决?

学生:当然会帮助他,他肯定是遇到困难才选择向我求助的,我不会感到麻烦的。

老师:大家的想法都是相通的,你愿意帮助别人,别人可能也会愿意帮助你,对吗? 其实好朋友有的时候就是互帮互助的,我们完全可以向别人寻求帮助,别人也并不一定会觉得麻烦。

学生:好像是这样的。

老师:另外,当我们情绪状态不好,甚至想要自杀,或遇到难以处理的事情,也需要及时寻求专业帮助,比如学校的心理老师或者医院。老师和你身边的家人、朋友会一直陪伴在你身边,大家会一起帮你渡过当下的困境。

学生:好的老师,我之后会及时寻求帮助的。

第二章

校园心理危机处置管理流程及预案

第一节　校园心理危机干预系统

一、组织机构

校园心理危机的处理和善后是一个依托多元主体参与的协同过程,需要建立校园危机防控干预体系,对重大危机事件做到尽早发现、科学评估、规范干预,提高预防与干预效果。学校可建立由学校领导牵头、各部门广泛参与的危机干预组织体系,包括领导小组、救护组、保卫组、危机干预组和舆情管理组。

（一）校园内部

1. 领导小组　组长可由校长担任,其他成员包括副校长、德育主任、总务主任、宣传负责人等相关职能部门的负责人。主要职责是全面规划和领导学生心理危机预防和干预工作,适时开展专题研讨会推进工作;负责指挥、决策、协调、组织开展重大(要)事件的预防和应急处置工作;督促相关部门认真履行心理危机预防与干预工作的职责;上报主管教育行政部门及有关部门,沟通事故施救、善后处理、舆情监督和新闻媒体接待工作;与公安部门配合,及时沟通事件性质;召集全院教职工会议等。

2. 救护组　组长可由主管校医院的副校长担任,组员包括校医院负责人及擅长急救的校医。主要职责是在救援现场检查伤者的生命体征;对尚存生命体征的学生开展伤口包扎、心肺复苏术等急救;与医疗救护人员沟通已经采取的急救措施;结合学校规模、环境、地势、交通、建筑等实际情况,配备足用、实用、适用的校园急救设施设备,如自动体外除颤器（automated external defibrillator, AED）。

3. 保卫组　组长可由主管安全工作的副校长担任,组员包括保卫科负责人、保安等。主要职责是负责保护现场,维持秩序,疏散师生(职工);配合警察、消防等专业人员的营救或调查;封存、备份监控录像;排查校园内所有高危地点(如封锁通往建筑物天台的门);加强巡逻;与公安部门保持对案件的联系;在可能发生群体性事件前,提前将已掌握的信息告知辖区派出所。

4. 心理危机干预组　组长可由主管心理/德育工作的副校长担任,组员包括副校长、德育主任、心理教师、各年级负责人、校园社工等。有条件的可以邀请当地心理危机干预专业人士(精神科医师、心理危机专家、心理治疗师等)参与和指导。主要职责是开展心理危机筛查,干预出现创伤症状的学生与教职工。

5. 舆情管理组　组长可由主管宣传工作的副校长担任,组员包括宣传负责人、党委宣传部和信息中心等工作人员。主要职责是开展舆情监测、新闻媒体沟通、新闻稿初审、新闻发布会组织等。

(二)外部资源

除了内部明确分工外,学校也应该定期梳理自己的外部资源,促进与外部机构的协同合作,共同做好校园危机干预工作。

1. 医疗机构(急救中心、综合医院急诊机构、综合医院心理科、精神病专科医院、心理危机干预中心)。

2. 辖区派出所、公安刑侦技术部门。

3. 消防机构。

4. 官方媒体。

5. 律师事务所。

6. 青少年或精神障碍领域的公益或社工组织。

二、校园危机干预的基本原则

1. 生命为本、救人第一　把保护师生生命安全放在首位,引导师生热爱生命、尊重生命。

2. 及时报告,统一指挥　要牢记突发公共事件应急处理的准则,时刻保持安全意识和大局意识。危机应对的实质是管理者在有限的信息、资源和时间的条件下开展非程序化决策,迅速从"常态"转换到"非常态",寻求尽可能合理妥善的处理方案。各部门应在事件发生时及时报告,让决策者掌握更加全面的信息。

3. 分级负责,全员落实　要形成跨部门的密切配合,明确责任,遵循并落实各自分工,各司其职,各尽其责。

第二节　校园心理危机处置方案

一、一般心理危机处置的重点内容

1. 控制危机　对于企图自杀或自伤、但未实施的学生,可以由熟悉学生的教师(班主任、心理教师等)与学生沟通,或者由学生自己决定愿意和谁谈,交谈的地点要保证私密性。紧急状态下,必须确保学生至少是在 2 名教职工(最好是其熟悉信任的教师)的看护下,直到监护人到场。如果学生家长无法当天到达,建议学校安排轮班教师看护,避免由某位教师一直承担陪护的责任。

若已经发生了自杀 / 自伤事件,首先目睹事件的人员需要立即拨打医疗救护电话,并联系校医。在急救人员到来之前,应评估学生的生命体征,采取适当的急救措施。需要注意的是,尚有自杀能力的自杀未遂者或者个体处于精神疾病症状发作时,可能会再次采取自杀行为,或者在激越的情绪下出现伤人行为。因此,救护者既要高度警惕,保护好学生的安全,也应该保护好自己的安全。

2. 评估现况　给予学生一个安全、温暖、私密的环境。班主任和其值得信任的教师可以与处于心理危机的学生面对面沟通他／她目前的诉求和需要。心理教师或其他相关专业人员评估学生目前的状况,包括抑郁情绪、激越状态、自杀意念和计划、既往自杀未遂史和精神障碍史等,并做好书面记录。评估时,重点关注学生对刚刚采取或者即将采取的自伤／自杀行为的态度和评价。学校心理危机工作组联合讨论此次事件的严重程度。班主任等平时了解学生情况的教师可以介绍学生此次心理危机暴发时的表现、平时的学业、人际情况、家庭情况(重大生活事件、家族精神疾病史、经济状况)等信息,对该学生目前的心理状态做出尽量全面和可靠的评估。

3. 做出决策　由班主任联系学生监护人,当面告知学生在校的异常行为和情绪。根据情况,学校可以在处理好学生躯体的损伤后,先协助家长陪同学生到精神专科医院就医。同时,班主任要向家长强调,自杀未遂者在自杀未遂后的一段时间内有可能再次实施自杀行为,因此需加强 24 小时看护,减少家中可能用于自杀、自伤的危险品,药品暂时由家长保管。同时,家长还要多理解、陪伴孩子,避免矛盾。

此外,更重要的一点是,班主任需要告知家长学生接受精神卫生服务的必要性。家长在面对孩子出现如此重大的心理危机时,可能出现多种复杂的情绪反应,如震惊、困惑、焦虑、恐惧、否认、"丢面子"、愤怒、敌对等。班主任在与家长沟通时,不要评判、指责家长,同时对于不同文化背景、教育程度的家长采取不同的沟通方式。班主任可以优先与家庭中最愿意合作的家长开展沟通。如果家长不愿意孩子到精神专科医院就诊,需要进一步询问原因。如果家长认为孩子自杀只是性格脆弱或者厌学的手段,班主任可以说明精神障碍是大脑神经递质改变的结果,并强调儿童青少年自杀的严重性和紧迫性,应该将学生的生命放在学业的前面。如果家长对精神障碍仍有病耻感和污名化,班主任可以对此进行心理健康教育,告知儿童青少年的心理问题必须就医,精神障碍可以治疗,自杀也可以预防,越早确诊,采取规范的足量、足疗程的治疗,对孩子的心理、身体和学习更有利。此外,教师可以明确强调家长对于未成年人有监护的责任和义务。

4. 随访与再评估 班主任可以定期随访学生和家长的情况,包括学生是否就医、按医嘱服药情况、返校意愿等。对于愿意返校的学生,可以提供学业上的帮助,并可以在短期内适当降低学生在出勤、作业完成上的压力。此外,对于社会经济资源薄弱的家庭,班主任或者社工组织可以进一步帮助家庭获得精神卫生服务,比如介绍相关的就医花费、医疗保险、医疗救助的获取途径等。心理教师可以定期评估学生情绪,为学生提供情绪疏导服务。

二、严重危机事件的现场处置与流程

1. 及时报告 教职工、学生在发现事故的第一时间应当及时且正确地报警,拨打消防和医疗救护电话。电话内容包括学校校区、事故发生时间、地点、性质、危险程度、伤亡情况、联系人姓名及联系电话。

现场附近的教职工应该迅速向学校心理危机干预小组汇报情况。组长或副组长应第一时间到达现场,上报领导小组及其他相关工作组。心理危机干预小组立刻确认班主任或科任教师是否到达现场,以便确定学生身份。如果学生死亡、意识不清或其他必要的情况,必须联系警方。由警方进行现场取证和知情人调查,最后进行事件定性。根据 2021 年中华人民共和国教育部令第 50 号《未成年人学校保护规定》,学生在校内或者本校组织的校外活动中发生人身伤害事故的,学校应当依据有关规定妥善处理,及时通知学生家长;情形严重的,应当按规定向有关部门报告。

若事件发生在校外,干预小组应向警方、监护人或医疗机构等多方核实情况。需要核实的信息包括:①获得第一手信息的人;②信息来源的渠道及其可靠性;③事件发生地点、时间;④学生伤亡程度;⑤伤害/死亡的方式;⑥是否已确认学生身份;⑦监护人的知晓情况。

2. 现场处置 若事件发生在校园内,救护组应尽快到达现场,检查伤者的生命体征;对存在生命体征的学生开展伤口包扎、心肺复苏术等急救措施。若可以直接送医,则可以陪同送医或将情况介绍给班主任,由班主任或者其他合适的教师陪同送医。若需要急救车转运,当医疗救护人员到达现场时,医疗组需要准确、简要地与其沟通已经采取的急救措施。

危机事件发生时,学校保卫组人员要尽快到达现场,控制现场情况,疏散现场围观者。制止无关人员闯入、起哄,或对现场(如带有血迹的地面)拍照或上传网络。保卫组还应当妥善保存现场重要的痕迹、物证,不要移动物品,等待警方现场勘验。现场遗书等证明事件性质的重要证物应妥善保管,避免遗失。当确实需要移动现场物品时,应拍照、做记号、写书面记录。同时,保卫组要封存监控摄像,协助警方取证,提供现场附近的监控摄像画面,以便视频查证。

心理危机干预组要将目睹事件或出现明显应激反应的学生、教职工带到安全的场所,配合警方的走访调查,提供紧急心理援助。

如果事件发生在学校组织的校外活动期间,则应当由活动组织教师先就地协调现场救援和心理支持,同时学校立即派出工作组到现场增援。

3. 告知家长 学校领导或班主任应该在确认伤者身份后,第一时间联系学生的监护人(通常指学生的父母),要求监护人立刻到学校或医院。如果监护人在外地,可以视情况书面委托其他有民事责任能力的成年亲属到现场处理。学生非正常原因死亡时,警方会要求监护人允许其开展法医检验、电子数据勘验等工作。

如果已经明确死亡原因为自杀,出于伦理和法律考虑,学校应当向监护人询问是否介意学校在对外报告时使用"自杀"一词。有时,家长对于死因和官方的界定可能存在矛盾,或者家长处于"否认"的心理防御机制下,不愿意接受事实。学校需要基于以上信息,确定事件的告知范围(如只有应急小组内部成员才知道死因是自杀)和对外口径。

4. 提交报告 应急小组要在第一时间召开全校教职工大会。快速响应将有助于有关人员获得真实信息,制止谣言传播。会议内容包括以下 7 点:

(1)介绍应急小组成员构成。

(2)介绍应急小组中的新闻发言人以及要求教职工、学生在被媒体要求接受采访时,应当将媒体人员介绍给新闻发言人。

(3)准确介绍事件的进展(根据家属意愿注意伤者 / 逝者隐私)。

(4)给予教职工表达哀思和情绪的时间(关注情绪不稳者)。

(5)为班主任、科任教师提供官方的事件声明,分发为学生准备的有关自杀和精神卫生知识的介绍材料,重申每一位教师在识别情绪不良的学生中的重要角色,强调教师的正确反应将影响学生对自杀和精神卫生知识的理解。

(6)介绍学校的进一步安排,关注每位教职工和学生出勤情况,维持正常教学秩序既是应急的关键目标,也是稳定情绪的重要方法。如果相关教师由于太过哀伤或其他应激反应无法上课,应该尽快安排代班教师。

(7)学校在内部要限制流言传播,保护逝者隐私。全校或者较大范围的告知是不可取的。

在事件的应急处理结束后(如当天夜晚),应急小组可召开全校教职工大会介绍处理进展情况,鼓励优秀的应对行为、介绍面临的挑战,提醒教职工做好自身心理压力的疏导,并且鼓励在此次事件中总结经验教训。

如果无法第一时间召开全员会议,或者谣言已经先于全体会议在当地传播,学校可以通过现有的通知系统逐级传达,以便老师在其他家长质疑时,向其介绍准确的事件进展。

5. 危机排查　教师要留意学生的情绪异常或无故缺勤。排查的重点人群包括以下几种:

(1)事件现场的目击者:出现创伤后的应激症状,例如噩梦、脑海在反复"闯入"当时的画面、身体肌肉紧张、警觉性提高、注意力不集中、内疚和负罪感、无法控制地哭泣、失眠等。

(2)与逝者关系密切者:逝者的同学、朋友、有矛盾的学生可能会出现内疚及情绪不稳、困惑等情绪。此外,教职工群体也可能出现不同程度的应激异常。比如,逝者的班主任可能觉得学生的离世是因为自己平时对学生的关心不够,进而产生内疚、负罪感;也有可能因难以面对家长、媒体而产生压抑、焦虑和委屈。

（3）既往存在自杀风险的学生和教职工：既往有自杀未遂史、精神障碍史、重大创伤等往往是自杀行为的预测因素。有这些特征的个体可能更容易受此类心理危机事件"传染"，采取模仿行为。

（4）缺乏社交支持、应对能力较弱者：学校可以安排固定时长的团体咨询或转介在创伤、哀伤辅导方面有经验的心理工作者对这些个体展开评估及干预。一般而言，哀伤、应激症状是个体在遭受重大"应激"后的正常反应，会随着时间逐渐减弱。如果在 6 个月随访时发现个体在情绪、生理、行为、认知层面的症状依然比较明显，建议及时安排更为系统的综合治疗。

个体在面临心理危机后的表现见表 2-1。

表 2-1　个体在面临心理危机后的表现

维度	具体表现
生理	失眠（噩梦）、疲劳、心跳加速、头晕、头痛、胃肠道不适、肌肉紧张、对轻微的磕碰或擦伤反应过度等
情绪	伤心、震惊、愤怒、内疚、麻木、烦躁等
行为	反复讨论创伤事件、旷课、哭泣、发脾气、回避某些地点、拒绝社交活动、饮酒、抽烟、打架、自伤、对突然的声响等反应过度或者谈及死亡或提问相关的问题等；低龄儿童可能"扮演"关于创伤事件的"游戏"或画有关创伤事件的画
认知	注意力差、记忆力减退、反复闯入性地出现创伤画面、认为"不公平""全是自己的错"等

6. 预防模仿　学校要警惕自杀带来的传染效应。本已处于高度自杀风险（既往有自伤史、精神疾病史、家庭自杀史等）中的其他学生可能会在某一自杀事件后，出现自杀模仿。模仿者可能只是听说了这个事件，而非现场目击者或与逝者熟识。

高危人群包括：①既往有自杀史或自杀意念者；②有精神障碍病史者；③因此次自杀事件面临指责或需要承担潜在责任

者;④曾协助其自杀者;⑤与自杀者关系密切的朋友、同学。

限制自杀方式的可及性是非常有效的预防自杀的手段。学校后勤部门应当重新梳理校园的风险点,扩大校园安全的巡查范围,重点关注有可能再次发生自杀行为的盲点(如此次自杀死亡的地点、建筑物楼顶、偏僻建筑等)。

7. 媒体协调 学校要建立媒体沟通预案,比如明确接待媒体、应对舆情的部门和人员、指定发言人(如副校长)、设计沟通模板,增强教职工的舆情应对意识和能力等。学校可以按照有关规定主动、适时地公布或者通报事故信息。公布信息前,可以提前与上级主管部门、家长沟通是否需要发布通报,以及通报的内容草稿。

在事件发生后,学校可以出于保护隐私的需要,限制记者随意进入校园对未成年人或教职工进行不恰当的采访。学校可向权威媒体提供书面澄清,包括警方的处理意见、学校对于家属的支持、对于其他学生的帮助、对于自杀风险的识别、当地的精神卫生和心理危机服务资源。另外,学校可以鼓励记者按照世界卫生组织和国际预防自杀协会发布的《媒体报道自杀相关事件指南》对事件进行客观报道;在稿件发布前与家属共同确认报道的真实性、客观性。特别应当注意的是,新闻媒体报道不应该采访和报道与事件相关的未成年人;不应将自杀原因归因于单一事件;不应对死亡过程、自杀方式做详细描述。

学校要在时、度、效上抢占舆论制高点,避免风险的"社会放大"。当面对恶意炒作、报道严重失实,学校要及时发声、澄清事实。对产生较大舆论影响的事故事件,学校应当在属地教育部门的党委、政府的统一领导下,会同相关部门引导舆情。

学校要监控自媒体、社交网络等虚拟空间的舆情,鼓励学生、教师随时向应急小组和信息中心报告谣言和潜在危机事件。由校园心理危机领导小组判断是否需要进一步请求警方协助。

当事件已被社会广泛关注且对事件过程众说纷纭时,一般需要公安、教育、卫生健康等部门组成联合调查工作组,在理清事实后,由政府新闻办公室或联合调查组的名义发布情况通报。此外,学校可向其他学生家长说明事件。通知包括简要说明事实(不能涉及自杀的具体方式)、普及抑郁和自杀预防知识、提醒家长关注学生心理健康、介绍学校和当地的心理服务资源。

8. **家属支持与善后**　如果学生离世,学校代表可以征求逝者家属的意见,到其家庭慰问或在学校正式会见。学校需要提前了解学生家庭的习俗、文化、民族、宗教背景,准备好需要移交的学生在校的物品。先由校方代表(建议校长亲自参与)进行慰问,询问并解决实际的需求,提供必要的资源。若学生父母情绪不稳,学校可与家属代表沟通具体事宜。必要时,由心理危机专家处理个别家属的应激情绪。家长可能有内疚、羞愧、否认、愤怒、羞耻、震惊等情绪,会困于探究"为什么",甚至归罪于学校教育。学校应该理解家长的情绪,承认学校在心理健康教育上的不足,但须指明单个事件只能是自杀的"导火索",而不是根本或主要原因。此外,学校可帮助家庭中的其他正在上学的兄弟姐妹(特别是在本校就读的),比如提供情绪疏导和帮助继续学业。如果当地有心理健康支持设施,学校可以协助家长联系这些机构,如心理危机干预中心,特别是那些为自杀者亲友提供支持的小组。这些资源可以为家长提供情绪疏导、心理咨询和持续的心理支持。

如果家长有赔偿的诉求，并且事件责任明确、各方无重大分歧或异议时，可以组织协商解决。学校主持、参与协商的成员包括校长、法治副校长、学校法律顾问等。协商场所一般应配备录音或录像设备、安保条件。受害者亲属人数较多时，应当建议其推举 2~3 名代表参与协商。双方经协商达成一致的，应当与受害者的法定监护人签署书面协议。协商解决纠纷的过程应当遵循自愿、合法、平等的原则，学校要在尊重客观事实的情况下，注重接纳家属表达意见和诉求的权利。

对调解不成，人民法院予以立案的学校安全事故侵权赔偿案件，法院将按照《中华人民共和国民法典》中侵权责任相关章节和相关法律法规，参照《学生伤害事故处理办法》等规章，明确各方责任。

在客观事实和责任明确的情况下，如果家属仍然存在不合理诉求，侵犯学校和师生合法权益的行为，甚至影响学校正常教学秩序时，校方可以参照教育部等五部门《关于完善安全事故处理机制维护学校教育教学秩序的意见》等处理。学校应该杜绝"大闹大赔""小闹小赔"，在纠纷处理中严守法律底线，保护教师权益。同时，学校应积极寻求上级行政主管部门的支持和意见。

如果没有证据显示学生属于自杀死亡，学校可以协助家庭办理意外保险的理赔工作，也可以为受此次事件影响、产生情绪问题的学生的家长提供必要的帮助。在沟通中，教师可以告诉家长多关注子女的情绪和行为异常。如果逝者生前曾与某些同学发生矛盾或纠葛，教师可以对这些同学的家长进行简单的心理健康教育，告诉其家长一个人选择自杀的原因是多方面的，同学冲突可能只是其中的一个导火索。同时，引导家长理解逝者家属的情绪，避免与他们发生冲突，学校也会尽量调解。此外，还可以向家长委员会、家长代表等介绍学校正如何改进校园心理健康工作，增强家长的信任感。

9. 生命教育　对于小范围的学生(如本班级同学、朋友等)，建议班主任提前拟订稿子，冷静、正式、准确地告知学生自杀离世(不应描述自杀的方式)或逝世(对于家庭不愿公开的情况)的消息，同时告诉学生谣言的危害、媒体采访要求、学校提供的心理服务以及学校出勤纪律等。教师要在合适的时机与同学们展开讨论，讨论的关注点包括其他学生面对他人逝去的情绪、有效应对方法、关于心理健康的疑问等。同时，回应的方式要适合学生的年龄和心智发育情况，比如给予小学生安全感，帮助初中生疏解情绪，与高中生讨论生命和友情的意义。

事件口头说明模板(班主任用)

各位同学：

怀着沉痛的心情，我想告知大家我们班级某同学，因意外于 ×× 日不幸去世。在警方正式调查报告发布前，希望同学们尊重逝者及其家人，不要对此事的原因有过多讨论。比如，目前网络上流传的 ×× 信息是与事实不符的。目前学校已在积极处理此事，帮助该同学的家人。

在重大应激事件后，同学们可能会在短期内出现情绪不稳、惊慌、注意力难以集中等现象，这都是正常的应激反应。但是，如果有同学曾是现场的目击者或者与这位同学关系密切，请主动联系我寻求帮助。此外，我也希望当你们自己或者发现身边有同学、好朋友出现了异常行为或想法、抑郁情绪、重大事件等，可以信任我、其他科任教师、心理教师，积极向我们寻求帮助。

学校也将进一步加强心理健康宣教、心理课堂、医校合作等，促进学生的身心健康，维护校园安全，预防将来再发生类似事件。

让我们在心中默哀，以表达对同学的哀悼和缅怀。最后，希望同学们能够珍爱生命，任何时候都有比自杀更好的解决问题的方法。希望同学们都能够学习和掌握情绪管理技巧，推动一个更加包容和理解的环境，让我们的校园生活更加健康和精彩，让每一位同学都能拥有更美好的青春和人生。

如果大家有疑问，也可以提问或下课后单独与我交流。

10. 教职工自我照顾　在心理危机处理过程中，班主任等一线教职工，往往面临来自多方的任务和压力。有的教师开始过度担心学生的安全；有的对事件发生感到震惊、手足无措；有的身心俱疲、情绪不稳；有的感到自责，认为如果自己做得更好一些，那就可以避免不良事件……这个时候，教师应该觉察自己的身心改变，合理作息，积极寻求组织和同事的帮助。独处时，可以采取听音乐、运动等方式转移自己的注意力，也可以书写自己的感受或适当哭泣来宣泄情绪，避免吸烟、饮酒、过度饮用咖啡、熬夜等不良的生活方式。如果已经严重影响自己的社会功能，请及时寻求专业帮助。

11. 总结经验　事件发生后，学校心理危机领导小组应安排专人书面记录本次事件的处理过程、结果、收集反思经验，学校心理危机领导小组和相关负责人应当召开专门会议，介绍事件处理经验。

学校应定期根据现况更新心理危机应对预案，包括事件处理流程、应急联络方式、心理支持措施等内容。更新后的预案应编入教师手册,并对新入职的教职工进行培训,确保他们掌握心理危机处理流程,识别心理危机信号的方法,以及提供初步心理支持的技巧。

此外,学校可以利用新学期开学、心理健康日等时间,定期培训全体教职工掌握预案内容。每个季度,学校可以对相关工作组的人员和职责进行回顾和更新。

第三章

校园心理危机干预的技术

班主任、辅导员、心理教师、任课教师、校医院医生等都可能成为学生心理危机干预的主要力量，简称干预者。校园心理危机干预的重要目标是与处于危机状态的学生建立平等、信任、良好且稳固的合作联盟，在此基础上，通过特定的干预方法给予学生心理支持和实际帮助，增强其活下去的愿望，降低自杀风险。

第一节　基本咨询技术

一、倾听

倾听是良好沟通的最重要部分，也是为学生提供心理支持的基础。通常有自杀想法的学生由于各种原因，不愿或者不敢把自己的想法直接告诉他人，但是却希望别人能够敏感地捕捉到他们的痛苦与无奈，主动与他们谈论相关话题，倾听他们的心声，这样他们就有机会释放自己内心的痛苦，降低自杀意愿，获得坚持下去的力量。

倾听是给对方机会诉说内心世界，甚至难以启齿的隐私。倾听包括用耳朵听到并理解对方所讲述的内容，更包括用心倾听对方的内在感受和想法。这需要我们在倾听的过程中保持不评判的态度，包容地接纳对方的观点。干预者首先需要建立对自杀的科学客观的认识和态度，这样才不会在听到学生发表有关自杀的观点时感到无法理解，同时也不会直接或间接地表达对自杀的不合理看法，进而阻碍学生的倾诉。

干预者如果能够有耐心、不评判、认真地去倾听学生有关自杀的想法和感受,他们就能够感受到谈论自杀并非是难以启齿的,有自杀的想法不是一个非常可怕和不可理喻的念头。这种被尊重、被重视和被关心的感觉会促进他们对自身状态的接纳,放下对当下自杀想法的恐惧与不解,并积极寻求帮助,解决内心困境。

在倾听的过程中,干预者要注意双方的肢体语言,包括面部表情、眼神交流和手势等,让学生们感受到真诚和尊重。同时,要注意可能带来负面解读的动作,比如眼神游离,不停地扫向不同地方;不时地看手机、钟表或者穿插做其他事情;把杯子盖上、穿上外套、站起来关窗户等,这些动作可能让人感觉要结束谈话,从而降低了学生们的倾诉意愿和信任感。

二、提问

通常提问方式包括开放式提问和封闭式提问。开放式提问通常以"是什么""怎么样"进行提问,以期让学生澄清更多细节,鼓励他们更全面完整、深刻地表达自身的感受、想法等。比如可以这样向学生提问"能告诉我发生了什么事吗?""可以和我详细地讲述这件事吗?""事情的经过是怎样的?"此外,也可以采用评估式提问,比如"此时和以前相比有什么变化?""在自杀想法特别强烈的时候,你可以向谁寻求帮助?"自杀的学生可能会有一些奇怪或者离奇的想法、行为和感受,为了进一步了解这些想法,干预者可能会用"为什么"的问题来探寻原因,然而,这种方式会让自杀的学生感到被质疑,从而采取自我保护,回避对此事进行认真交流。因此应尽量避免用"为什么"提问。

封闭式提问主要用于从学生那里获取特定的、具体的信息,通常以"是或否"的方式设问。该方式有助于快速获取信息、评估现况,但可能会阻碍双方的积极互动,无法拓展信息内容。在危机干预中,了解有关安全的问题或者寻求承诺的时候,可以直接询问"你是不是想伤害自己?""当你情绪非常糟糕的时候,你会这样做吗?"注意避免使用反问,如"难道你想自杀?"这会使学生感到被轻视和指责。

在提问的时候,要特别注意语气语调,以免显得咄咄逼人。此外,要用非常清晰、直接、不做评价的方式询问,不要使用双重否定或带有否定或不赞成对方观点的方式询问。比如不要说"你不会是想自杀吧?"这句话中包含了干预者对学生实施自杀这一行为的评价,即想自杀是错误的,无法理解的。干预者也应避免在听到对方说想自杀且有计划,就很着急地指出来,警告、恐吓学生,对其进行说教,焦急地告知学生应该怎么做,或是不停劝慰说服学生,比如"这很严重,你得赶紧去住院""日子多好啊,你怎么会想死呢?""有很多方法可以解决,不要想着去自杀呀""你自杀了,你想过你父母该怎么活吗?"这些会让学生感到干预者很紧张、恐慌或者内疚负重,而使他们停止真诚地分享。

三、反馈

学生在表达过程中可能会一下子讲述许多信息,在不同的主题间跳跃,或是由于羞耻感而表达含糊,由于内心顾虑而说反话或者说一部分等。这就需要干预者能够听出学生想表达的真实意思,并进行简单的总结反馈。一是让学生感到被认真倾听和被尊重;二是帮助学生梳理其内在想法和感受;

三是让学生以第三者视角重新思考自己的陈述,促进其深入思考和讨论内在想法。

反馈包括简单反馈、夸大反馈和双面反馈。简单反馈指用学生的原话进行简单的重复,如"你刚才提到觉得活着看不到希望,想轻生";夸大反馈指把学生的内容扩大后反馈,以便让学生更容易意识到其想法中不合理的地方,并松动原有的认知,如"你刚才谈到你是一个毫无用处的人,任何事情都做不了";双面反馈,即当学生表述内容中体现了矛盾的两个方面,干预者可通过将矛盾点呈现出来,帮助学生将注意力转移到对其有利的一面,如"你觉得没人关心你、爱你,想结束生命,而同时你又提到了如果自己死了,爸爸妈妈会非常难过"。

在反馈的时候要特别注意尽量使用学生的原话,并特别注意语气语调等,避免让学生感到被讽刺、挖苦或评判。

四、共情

共情指尽可能站在学生的角度去体验其感受、情绪、想法、渴望、需要、动机、目标,甚至内在世界,使其感到自己是被理解、被接纳的,从而促进良好咨询关系的建立。

第一,要在语气、神态等方面表现出关心、尊重、不评判和真诚的态度,呈现出对学生的关注,需要干预者暂时把自己的感受搁置,充分体会学生的内心。

第二,理解学生的核心情绪体验,需要表达出这种理解,尤其是对学生情感和认知的理解。比如可以说"你对当下的状况感到很绝望/你看起来很绝望,觉得看不到未来""我能感受到你此时的痛苦和无助""从你刚才的谈话中,我能感到你现在觉得无法信任任何人""你认为没有人在乎你,甚至你的生死都没人关心"。除了语言表达外,也要通过声音、面部表情、姿势等传递对学生的关注与关心。

第三,干预者要允许谈论的过程中出现沉默的情况。学生在谈到自己的经历时,有时可能需要时间思考或者消化自己的情绪。干预者要理解学生的需求,给予他们间歇和停顿的时间。另外,干预者可能对于学生的描述一时半会儿也不知如何回应,这时也可以给自己一点时间理解感受学生的内容和感受,有助于增强共情。

五、无条件积极关注

处于自杀危机的学生往往对自己持有消极和诋毁的态度,因此干预者要保持细致的观察和敏锐的思维,从细枝末节关注到学生的优势,并给予及时的反馈和赞赏。在交流的过程中,应及时表达对其各项能力的赞赏,对其各方面的进步表示惊喜,比如"你竟然在筋疲力尽的时候完成了任务""你状态那么糟糕,还能够坚持上学,你是怎么做到的?",通过这样的提问可提醒学生意识到自身的能力,对其有激励和触动作用,帮助其重新认识和评价自己。当学生感受到无论何种情况,干预者都能够看到其积极的一面,给予赞赏和关心,那么学生就会慢慢学会如何积极看待、接纳和关心自己。

对于缺乏改变动机的学生,干预者也要保持耐心,引导学生正常地看待自杀想法,再引导其发现面对挫折和困境时有许多解决的方法;或鼓励学生学会按捺冲动、静观其变,不急于采取轻生的行为,从而让学生有机会发现希望和变化。

第二节　行为调整策略

一、问题解决策略

有自杀危机的学生认知往往比较狭窄,思维能力和解决问题的能力也会减弱,他们认为当前的困境是无法解决的、没有希望的、没有尽头的,也很难理性地思考如何逐步解决当前的困境。鉴于此,问题解决策略可以帮助学生解决实际困难,学习解决问题的技能,化解当前应激源,进而预防自杀。

第一,评估与学生目前高自杀危机相关的具体问题,筛选出其中哪些是当前迫切需要解决的现实问题,哪些是需要一段时间的努力才能彻底解决的困难;哪些问题是比较庞大的,需要分解成小的问题;哪些问题可能并非现实困难,而与功能不良性认知或不适当行为有关。

第二,与学生一起协商,把列出来的所有问题进行优先排序,选定最需要优先处理的现实问题。这类问题可以是比较容易解决的小问题,也可以是对学生当前影响最大的问题。

第三,与学生一起找到解决当前确定的需要解决的问题的所有方案,并对每个方案的优劣势进行分析,记录讨论结果。通过比较每个方案的优缺点,从中选择一个最适合的解决方案。

第四,针对确定的方案,与学生一起讨论具体的实施计划和步骤。计划的制订要尽可能详细,以促进实施方案的落地。此外,还需要与学生一起讨论方案实施过程中可能出现的阻碍,并思考如何破除阻碍因素,保证计划的实施。

第五,检验方案实施的情况。若问题得到解决,可以对学生通过自身努力解决难题进行鼓励和赞扬,增加其自信和继续解决问题的动机与动力。如果问题没有得到解决,一起分析可能存在的原因,并对计划进行合理性调整,鼓励对方保持信心,再次尝试解决问题。

在问题解决技术中,要特别强调发挥学生的主动性和能动性,推动他们自主找到针对自己问题的解决方法。可以通过询问他们在过去遇到困难时的解决方法,或者当他们身边的亲友遇到这个困难的时候,他们会给对方提出的建议等,来激发学生深入思索如何去解决自己的困境。

二、自我关照

身体状况不佳会增加学生的负面情绪和不良心理状态的易感性,而将身体照顾好能提升情绪的复原力,身体健康方可心安。干预者需要向学生提供心理健康教育,告知身体健康对心理健康的重要性,鼓励他们从饮食、睡眠、运动等方面来促进身体健康。

1. 饮食方面 注意适量健康饮食,保证饮食均衡丰富,保持规律饮食;不过度节食,也不过度进食。过多或者过少饮食,或者单一饮食都容易导致学生情绪不稳和烦躁不安。此外,避免过度依赖暂时性改善情绪的食物,比如高糖、高脂食物,或者含酒精的物质。老师可以给予学生相关的健康教育,鼓励通过健康饮食促进身心健康。

2. 睡眠方面 睡眠不好会直接影响情绪状态,如使人易怒、烦躁、情绪低落等,不良的睡眠也可能增加自杀风险。老师可以给予学生相关健康教育,让学生能够保证每晚 7~9 小时的充足睡眠,不宜过多或过少。如果有睡眠障碍,比如入睡困难、早醒、睡眠不实等情况,且持续时间过久,则要建议他们寻求专业帮助。睡眠差可能是情绪问题,比如抑郁、焦虑所致,因此需要全面考虑解决睡眠的问题。

3. 运动方面 鼓励学生坚持做自己感兴趣的运动,可以是团体运动(如打球、健身操等),也可以是跑步、游泳、快走等有氧运动。每次运动时长 30 分钟至 1 小时,重在坚持。很多时候,坚持运动可能是一件比较困难的事情,可以通过设计每日打卡、亲友提醒、寻找同伴搭伙运动等方式增加运动的坚持性。

处于危机状态的学生在保持健康规律的生活上可能存在一定困难,干预者要保持耐心,循序渐进地引导学生规律生活,可与学生以协商的方式一起制订计划,通过打卡等方式助力学生坚持健康的生活方式。

三、稳定化计划

处于自杀危机中的学生往往内心充满了诸多负性情绪,比如痛苦、抑郁、焦虑、厌倦、无助、绝望、崩溃等。情绪往往比较强烈和不稳定,容易做出冲动性行为。此外,他们对情绪的耐受性也较差,当负面感觉来临时可能会无法承受,痛苦难耐,也会增加自我伤害的风险。稳定化计划主要是与学生商讨设定未来如何应对危机,指引学生在特别想要伤害自己的时刻,能够通过稳定化技术避免自我伤害的行为的产生。

(一) 情绪稳定化技术

该技术旨在帮助学生拥有一个安定的属于自己的内心空间,在必要时可帮助适当远离令人痛苦的情景,并且寻找内心的积极资源,解决和面对当前困难的能力,唤起对未来生活的希望。干预者可给有自杀风险的学生教授一些稳定化技术,引导其在情绪崩溃的时候,自助式平复情绪,增强安全感和控制感,进而减少情绪下的冲动性自我伤害行为。

1. 蝴蝶拍　是通过有规律地拍打身体来稳定情绪和增加自身安全感的心理技术(详细步骤参考第一章第六节"制订安全计划"内容)。

2. 彩色呼吸放松训练　放松训练是指让身体和精神由紧张状态朝向松弛状态的过程。面对压力和创伤时,学生会出现肌肉紧张、呼吸急促等反应,可以通过呼吸放松、想象放松、肌肉放松等方法达到放松的目的。干预者可以教给学生以下操作方法,让其自行练习。

让学生选择 2 种颜色:一种颜色代表放松等积极情绪,另一种颜色代表紧张、焦虑、忧郁等消极情绪。在练习过程中,蓝色代表积极情绪,灰色代表消极情绪,学生可以用自己选择的颜色替代文中蓝色 / 灰色。

找一个安静的地方,选择舒适的姿势坐下或躺下。闭上双眼,把注意力集中在呼吸上。缓慢地深吸一口气,想象自己吸入的气息是蓝色。蓝色气体从鼻腔进入,逐渐充满整个肺部,安抚身体,带来平静。再将气体全部缓慢地呼出,想象自己呼出的气息是灰色。那些黏附在身体里的紧张不适等情绪,随着深长而缓慢地呼气,正在慢慢地脱离你、远离你。继续想象。持续想象,在吸气时,蓝色气息充满身体,带来平静。呼气时,灰色气息离开身体。完成本练习时,尽量用缓慢的深呼吸。

3. 着陆技术　着陆技术通过把各种感官(视、听、味、触、嗅)调动起来,与周围环境充分连接,把注意力集中在当下世界,进而远离内在的负性感受,逐渐找回身体的稳定感和掌控感。干预者可教授或者引导学生在情绪崩溃时进行练习,比如可以感受身体,脚跟紧贴地板,感受自己与地板的紧密联结;动动身体,如握紧拳头,体会紧绷的感觉,然后再放松拳头,或者顺时针和逆时针转动颈部;聚焦于当下的环境,观察目前自己身边都有什么,说出他们的材质、颜色、样子等;还可以说出自己最喜欢的物品、颜色、动物、音乐、季节、人等;或者在当前环境中可以听到什么,闻到什么味道等;还可以摸摸身边的物品,感受一下是什么样的感觉等。

(二) 环境安全化

环境安全(消除/限制致命性自杀工具)是自杀预防与干预工作的基础,也是有效实施稳定化计划的第一步。干预者要与学生协商如何移除他们环境中的致命性工具。比如,学生有计划服用药物自伤,可与其商量由家人保存治疗性药物,使其无法接触;学生有计划跳楼或者跳河,可以和学生商量在情绪崩溃的时候远离这些场所。尽管可能无法完全移除或者限制自伤工具,但是与学生商量创造安全环境的探讨可起到提醒作用,会缓冲学生冲动性自杀的风险。然而,这些风险行为是学生情绪崩溃的时候习惯性的反应,所以我们在与他们讨论移除自杀工具的时候,有时可能会让学生感到不适。鉴于此,干预者首先要共情学生会在崩溃的时候选择这些不恰当的行为,接下来要温和地与他们进行商讨分析,找到可以在崩溃时候的替代行为,使学生自愿且有动力的去移除身边的致命工具,改用其他方式帮助自己度过崩溃的阶段。唯有学生真心想要去改变自己的不恰当应对方式,才能够真正保证他们的环境的安全性。

四、制订应对卡

干预者可与学生一起制订应对计划和相应的应对卡,包括应对不良情绪的卡片、应对自杀自伤危机的卡片、规律生活的提醒卡、进行放松训练的提示卡、求助信息卡等。这些应对卡可在学生有需要的时候提供相应的信息，指导学生如何去做。另外，卡片也可以是鼓励卡，比如写下鼓励自己的语言，或者是提醒自己这种不适感受会慢慢消失，相信自己可以坚持下去的话语等。卡片写完后，可塑封挂到自己方便可见的地方；也可拍照存在手机里以备随时查看，或是随身携带。

第三节　简单认知调整策略

一、了解自杀者的特征

自杀个体在对外界信息的加工处理中存在偏差和异常，自杀者更倾向于关注消极信息，而忽视积极信息，比如有自杀风险的学生通常仅关注到自己的不足或者不愉快的事件，如学习成绩不好，或者某个同学不喜欢自己，而忽略他们还有其他的优势，或者其实有很多同学都和自己处得很融洽。

自杀个体也有记忆偏倚的特征，对负性事件记忆深刻，而很难回忆起具体的积极经历，比如有自杀风险的学生可能会牢牢记住老师、家长批评自己，某一个同学对自己的指责等，而他人对自己的表扬和称赞等却记忆不清，或不容易想起来。

自杀个体通常有强烈的绝望感，这是一种负性的认知，相信未来是灰暗的、无望的，困难与问题永远无法解决，无法忍受当前的困境和痛苦。有自杀风险的学生可能会因学习成绩差、人际关系不佳等负性事件就陷入到无助及无望感中,无法行动起来去寻找解决问题的办法。

二、掌握自杀者常见的认知歪曲

有自杀风险的学生易感性较高,因此在遇到特定情境后会出现绝对化、悲观、无助、僵化、绝望的负性自动化思维。自杀危机个体歪曲的认知包括:①灾难化:认为结果非常糟糕,甚至认为事情糟透了等;②缩小化:认为自己没有能力解决,没有其他路可走,已经走到了绝路;③非黑即白:认为如果不能考到班级前十名,就是个彻底的失败者,就只能结束生命;④管道视野:只能关注到和自杀相关的信息,比如认为自杀是解决问题的唯一办法,忽略如安全或者生存理由等其他可以选择的信息。当学生脑中被无路可走的思维困住,就会想尽一切办法通过自杀来结束痛苦。

三、心理健康教育

干预者可借助学生自身的例子进行关于认知模型的心理健康教育,帮助学生认识到其情绪可能源于他们对该事件的解读。如果能够用全新的、积极的思维去看待这个事情,他们的情绪可能会有不同。此外,帮助学生了解他们在某个事件中的行为反应也可能源于他们对事件的解读,改变思维可能就会改变他们的行为模式。通过心理健康教育,帮助学生学习到他们的经历与情绪和行为之间的关联,指明改变不良情绪和行为的方法,增强改变的信心、动机与动力。

四、觉察记录情绪并识别背后的歪曲认知

干预者在沟通互动过程中要帮助学生意识到他们脑中的歪曲思维,这些思维往往伴随着不良情绪出现,因此可以先帮助学生学会觉察,并记录自己的负面情绪。干预者可以直接询问"出现这个情绪的时候,你想到了什么,或者你脑海里浮现出了什么"等问题来探索学生的自动思维,比如"在你感到无助、无望、绝望的那一刻,你想到了什么?""在你感到无助、无望的时候,你脑子里出现了什么?""出现这个让你感到无助无望的情况,你想到了什么,或者你是怎么想的?"在探索的过程中,学生可能并不能直接表达出自动思维,或者并不知道当时脑中的想法。干预者要保持耐心进行引导,也可以给予一定提示,如给出几个选项,看看哪个选项更符合学生的想法。

五、挑战歪曲思维并以积极思维替代

干预者可通过循序渐进的提问,温和地引导学生寻找支持和反驳他们想法的证据,进而检验他们想法的真实性,挑战其不恰当的思维。可以通过询问最坏的结果,帮助学生意识到即使真的发生了他们认为难以接受的事情,也不会有那么糟糕的结果,比如"让我们思考一下,假如你没有考上重点高中,会有什么结果,最坏会发生什么,自己是否能够承担,而最好会发生什么?"还可以通过让学生寻找支持和反驳的证据,来验证自己的想法,比如"有哪些证据可以表明确实会发生这么糟糕的结果,有没有反驳的证据?通过正反证据,现在看看你的想法会不会有一些松动和改变?"或者可以通过让危机学生站在第三者角度去思

考,来促进其积极客观地解读事件,比如"假如你的好朋友出现这个情况,你会和她说什么?你有没有发现这件事情发生在他人身上,你会用更积极的视角去解读?这个解读是不是更客观和适应性";可以用略夸张的说辞引发学生的质疑,比如"如果考不上重点高中,那整个人生都毁了,没法继续生活""这个人说我坏话,全世界的人都会跟着厌恶你";或者可以让学生试着对此情境提供一些其他的解释,比如"这个事情,我们还有其他的感受和反馈吗?有没有其他可能性?"通过与学生问答交流,促进其自我思索,逐步意识到自己的想法可能并非事实,或者与真实情况有一些偏离,又或者想法中有一些不合理的成分,为替代这些不合理认知奠定基础。

接下来,引导学生寻找可能的、积极的、更具有功能适应性的或者接近真实情况的替代性思维。比如,学生可能会说:"我的成绩不好,考不上好高中,上不了好大学,找不到合适的工作,人生没有希望,感到绝望",通过上述引导式提问帮助学生一起形成对当前困境的适应性认知,比如"的确如果一个人找不到合适的工作都会感到难过甚至绝望,那么我想和你讨论一下,是不是上不了好大学就一定找不到合适的工作?如何界定好大学呢?你身边或者你了解的有没有人并没有上过好大学,甚至没有上大学,但依然在从事比较好的工作?未来的事情是否现在就能明确下来?"在一问一答后,学生逐渐能够以更客观、广泛的视角去解读当下的困境,意识到当下成绩差不一定就考不上好高中;就算没有考上名牌大学,也并不意味着自己就找不到好的工作;一切都是发展变化的,并没有恒定的评估好坏的标准。

当替代性思维形成后,要增强对该想法的相信程度。因为过去的自动思维虽然不客观、不正确,但学生一直以这样的想法与外界互动,虽然不恰当,但却早已习惯。替代思维对学生来说是全新的,需要不断强化而不断适应。

自动思维和行动模式是日久形成的,也是在遇到事情的时候瞬间自发产生的,并非一朝一夕便能改变。因此,需要学生形成觉察思维和替代思维的认知习惯,使新思维不断替代过去歪曲的思维,最终建立客观的认知模式。

在这个过程中,干预者可借助功能不良性思维记录表帮助学生识别、替代自动化思维,并不断加深思维、情绪、行为三者之间的关联(表3-1)。

表3-1 功能不良性思维记录表

日期/时间	情景	自动化思维	情绪、生理、行为	替代思维	结果
	发生的事件,所处的环境	1. 脑海中的想法 2. 对该想法的相信程度(0~100分)	1. 针对该情景的情绪反应/行为反应/生理反应 2. 每个情绪反应的强烈程度(0~100分)	1. 还有哪些其他的想法 2. 对每个替代性思维的相信程度(0~100分)	1. 当下的情绪、行为或者生理反应 2. 当下情绪的强烈程度(0~100分)

第四节　情绪调整技术

一、情绪耐受技术

1. 与情绪共处　情绪是个体在外界刺激下产生的正常反应,无论积极还是消极,都有其功能和意义。让情绪流动起来,慢慢就会从情绪中走出来;然而,如果一味压抑情绪,则会增加痛苦的感受,情绪给个体的影响只会越来越强。因此,干预者要教授学生首先学习观察自己的情绪,如把情绪看作海浪,想象自己站在冲浪板上,顺着情绪海浪滑行,体会拥有情绪,并与其共行的感受,不阻挡和压抑它们。接下来,留意身体的哪部分能感受到情绪的感觉,充分感受身体的感觉,不顺着情绪行动,观察情绪是否发生了改变。最后,尊重接纳自己的任何情绪,不对其进行评判,坚持与情绪共存。

2. 应对危机情绪　当情绪非常强烈,自身感到无法招架,同时无法控制情绪下的激烈行为时,可以通过一些危机生存技巧帮助自己从当下超负荷的接近崩溃的情绪中适当转移出来。首先,尝试改变身体状态。学生情绪激烈时会导致身体血液循环、心跳加快,全身发热,因此可以运用改变身体温度的方法,如用冷水洗脸、握冰棒等。此外,人们有情绪的时候,往往会沉浸其中,无法自拔,导致情绪感受越来越强烈,干预者教授学生可以尝试把注意力转移到其他事情上,比如给家人打电话,打游戏,看自己喜欢的视频等。

另外,干预者还可教授学生们通过有意识地调动"五官"感受:视、听、触、嗅、味觉,帮助自己跳出负面情绪,如播放自己喜欢听的音乐,适当把音量提高,把注意力转移到音乐上;看一些让自己愉悦的、调动自己好奇心的事物;触摸柔软的或者带来安慰感的物品;也可以闻让自己舒服的或者比较浓郁的味道,把自己嗅觉感受调动起来;吃一些美味的或者有刺激性的食物,调动自己的味觉等。

二、情绪调节技巧

1. 情绪相反行动　学生经历强烈的负性情绪,在情绪冲动之下会有相应的危险或者负性的行为反应,相反行动则是采取与冲动反应相反的行动来降低情绪反应,减少风险行为。"反向行动"不是压抑感受,而是选择不同的行为,是抵抗痛苦情绪的有效手段之一。当情绪妨碍生活时,可以尝试采取这个方法。

儿童青少年情绪感受性强,且处事较为冲动,因此在外界刺激下更容易失控做出危害性行为,给其带来诸多负面影响。鉴于此,引导儿童青少年立刻停止破坏性行为,而试着采取和本能相反的行为,直到负面情绪消退。

首先,引导学生识别当下的情绪,如焦虑、伤心、愤怒等。回顾过往在这些情绪下通常会采取的行动,如学生可能会使用尖锐物品,或者通过砸、掐等方式伤害自己。其次,在实施过去的习惯性行为前喊"停",做一些不同以往的事,如当准备使用尖锐物品伤害自己的时候,可以玩自己喜欢的游戏;当想走到窗户前的时候,尽快走出自己的卧室,与家人、朋友、同学等待在一起;当自己蜷缩在角落里独自痛苦的时候,可以放音乐,并把音乐声音调高,让自己投入其中等。

反向行动可能会让人感到不适,因为它在挑战学生旧有的习惯。因此要告诉学生最初使用该方法的时候会比较困难,引导学生在放弃之前,多尝试几次。坚持一天、一周、10天甚至更长时间,观察反向行动是否会改善他们的情绪。如果学生发现哪怕有一点点用处,也会增加继续使用该方法的动力。

2. 乘坐思维列车　学生处于危机状态下时,脑海中充斥着各种负面思维和情绪感受,结束生命远离当下的念头可能就更加强烈。如果发现自己陷入杂念漩涡,尤其是想要结束生命的念头或者沉浸在负面体验中时,思维列车技术可以帮助学生与杂念保持距离,帮助其回到现实,建议按照以下步骤开展:首先想象坐在火车上,看着窗外的风景,随着火车快速前行,窗外的风景也快速掠过。其次,试着想象窗外的风景也是你脑海中的杂念,如同伤害自己的想法、对未来的无望感等一样。随着火车载着你疾驰而过,脑海中的想法也越来越远,如同窗外的风景瞬间消失在视野。再次,思索窗外的景色无论好看与否,自己是否想要停留观赏,当景色逐渐消失在视野中,也会慢慢忘却它们。通过比喻,帮助学生意识到不管现在的想法多么消极、让人无助,它终将会过去,要将想法与现实区分开来,而不要沉浸于想法无法自拔。

3. 增加积极活动　学生累积更多的积极体验有助于平衡生活中的负面经历,此外,持续不断的做带来积极感受的活动有助于不断提升学生的意义感、成就感、自我效能感,进而增加他们对未来的希望感,减少自我伤害的行为。情绪不好的学生通常不愿意,也没有兴趣做事情,而什么都不做更会让他们感到生活无意义、不快乐,同时也会让他们感到无能和失控。老师可以鼓励学生每天做一件能激发积极情绪的活动,并制定每日活动表,在完成活动后可进行打卡,以此激励他们坚持下来。干预者要告知学生在做积极活动的时候,可以将注意力聚焦于此,用心去感受当下做这个事情时候的积极体验。干预者要注意,让学生开始这项活动可能并不容易,需要保持耐心,一点点鼓励他们尝试去做,并且可尝试不同的积极感受的活动。当学生开始做了,他们就会不断感受到情绪的变化,也会增加继续去做的动力,形成积极的循环。

附录1　家长的疑问及解答

1. 孩子出现自杀问题，一定就是家长的错吗？

并不一定，导致孩子产生自杀想法的因素往往是多方面的。

(1) 个人因素：抑郁、焦虑、高冲动性、长期患有躯体疾病、烟酒滥用等。

(2) 家庭因素：家庭暴力、父母离婚、亲人逝世、亲子关系较差等。

(3) 校园因素：校园霸凌、学习压力过大、人际交往异常等。

(4) 社会因素：名人自杀的报道、在社交媒体上加入自杀群体等。

2. 从哪些渠道可以帮助孩子？

(1) 综合医院的精神/心理门诊或精神专科医院。

(2) 学校心理老师、班主任或者其他孩子信任的老师。

(3) 心理咨询和法律援助热线。

(4) 其他正规的可提供心理服务的机构。

3. 家长为什么需要了解这些?

根据国内的近期研究发现,初高中生中,18%~24% 曾经认真考虑过自杀,9%~11% 曾经制订过自杀计划,3%~5% 曾经尝试过自杀。家庭是的孩子的港湾,是可以给予孩子爱和支持的最主要和直接的资源。家长们了解相关知识,可以及时捕捉孩子的不良心理感受,主动帮助孩子一起度过困难与危机,重建积极的心理状态。

4. 怎样辨别孩子是否需要帮助?

(1) 当听到孩子说与死亡、自杀相关的话题;自己是负担,没有他们,其他人会活得更好;活着太难太痛苦;感到绝望,看不到未来的出路;自己一无是处,毫无价值;活着毫无意义;自己背负着罪恶感和耻辱感等。

(2) 当看到孩子对什么事情都提不起兴趣,什么都不想做;回避与人交往,不愿与任何人交流,把自己封闭起来,不愿上学外出;用尖锐物品伤害自己,或者其他伤害自己的行为,或者有一些自伤的痕迹;在网络上搜索与自杀相关的信息,或者加入自杀聊天群;莫名哭泣,情绪低落,或者烦躁不安,容易与人发生冲突;睡眠较差,食欲欠佳等。

5. 怎样帮助孩子?

当发现孩子与以前相比有很大改变,且有上述这些状况时,可以主动和孩子聊天,如询问孩子最近遇到的事,或者直接告诉孩子,你发现他 / 她最近哪些方面与既往有所不同,是否愿意聊一聊。如果听到孩子直接说与自杀相关的话语或者话题,也可以直接顺着询问他/她如何看待自杀,以及是否有这个想法。

6. 当孩子表露出有自杀想法时的做法

(1)请保持冷静,耐心倾听。

(2)切勿指责,呵斥,或拒绝承认,这样只会让孩子从此闭上心门拒绝沟通,从而增加悲剧发生的可能性,要明确地表达出关心和接纳的态度。

(3)要重视,不要过于紧张而不敢询问,孩子如果能够主动表达这个想法,也正是家长和孩子一起共渡难关的重要时机,帮助孩子寻求专业帮助,给予孩子需要的支持,可以帮助孩子减轻和消除自杀的意愿。

附录2　学生心理危机自救

干预者可在日常心理课或者主题班会等场合,给学生讲授下述知识,也可在心理健康日等通过制做海报、心理健康宣传册等让学生了解这些信息。

1. 当出现心理危机时可能产生的情绪和行为改变有哪些?

(1)情绪变得低沉

1)对事物失去原本的热情和兴趣。

2)感觉自己毫无价值,或者觉得自己是别人的负担。

3)背负着罪恶感和耻辱感。

4）对未来感到绝望。

5）脾气暴躁，焦虑易怒或情绪失控。

6）低落孤僻，沉浸在悲哀之中。

7）出现了死亡和想要消失的念头。

(2) 行为变得低沉：当出现以下行为变化，说明身体在求救。

1）学习态度和方式的变化：学习态度消极、成绩骤降、无法集中注意力、频繁旷课等。

2）作息习惯的变化：睡眠质量下降，难以入睡、易醒等。

3）饮食习惯的变化：食欲下降、暴饮暴食等。

4）与人交往的变化：突然变得回避交往、非常主动地进行社交、行为性格反常、跟别人起冲突等。

5）其他变化：严重抑郁后的突然平静、身体状态不佳等。

当发现自己或者身边的同学、朋友出现以上的表现，沉浸在消极的情绪无法缓解或是行为异常时，请绝对不要轻视，及时向老师和身边的家长、朋友求助，也许这正是他／她发出的生命求助信号。

2. 生命只有一次，当学生痛苦到想要结束生命的时候，该怎么办？

(1) 保证此时此刻不做伤害自己的事情。即使此时很痛苦，想要结束生命摆脱痛苦，也请不要冲动行事，可以做其他事情转移注意力，比如感兴趣的事情，或者给家人、同学、朋友打电话等。

(2) 确保不要让自己独处。如果情绪崩溃，无法控制自己的行为,请确保不独处。可以选择让父母陪伴,或者与同学等最信任的人在一起,也可以待在公共场所。总之,在最激动想要伤害自己的时候,保证身边有人,这样可以阻止做出伤害自己的行为。

(3) 与信任的老师、家人、朋友交谈。最亲近的人往往是最宝贵的支持来源,与信任的人聊聊此刻的感受会有所帮助。他们可以提供信息、分析目前的情况,提供情绪依靠,并给予鼓励和支持。

(4) 还可以寻找的求助对象

1) 综合医院的精神 / 心理门诊或精神专科医院。

2) 学校心理老师或班主任。

3) 心理咨询和法律援助热线。